BEILAGEN, DIE SATT MACHEN

Mit cleveren Tricks servieren wir weiterhin unsere Lieblingsgerichte. Dafür ersetzen wir ein paar Zutaten einfach durch leichtere. Blumenkohl etwa vertritt Getreidereis und statt Pasta kommen Gemüsenudeln auf den Teller. Die 6 wichtigsten Basics findet ihr auf der Sammelkarte!

PRAKTISCHE WOCHENPLÄNE

Ihr seid noch unsicher, wie ihr eure Low-Carb-Wochen gestaltet? Kein Thema – unsere Ernährungsexpert*innen haben bereits fertige Low-Carb-Wochen erstellt, die Club-Mitglieder kostenlos und bequem per App nutzen können. Mehr unter www.zaubertopf-club.de

LIEBE LESER*INNEN,

leichte Küche soll in unseren Augen vor allem eins: richtig satt und zufrieden machen. Diese Anforderung stellen wir an jedes Low-Carb-Rezept, das wir entwickeln.

In dieser Ausgabe der **mein ZauberTopf GOLD-EDITION** „So einfach abnehmen" findet ihr köstliche Schlemmer-Ideen für den ganz normalen Alltag. Mit einem Sattmacher-Frühstück, das lange vorhält, geht's in den Tag. Zum Mittag könnt ihr aus schnellen und beliebten Mahlzeiten wählen, damit ihr auch bei Stress nicht in die Fast-Food-Falle tappt – der Thermomix® übernimmt die Arbeit! Für die Primetime auf dem Sofa findet ihr natürlich auch Knabberkram. Und damit die Kaffeezeit am Wochenende nicht zu kurz kommt, zeigen wir, wie Käsekuchen & Co. lecker Low Carb gelingen.

Zudem beantworten wir in diesem Sammelband kompakt die großen Fragen rund ums Abnehmen mit dem Zaubertopf.

Viel Erfolg und verwöhnt euch mit gutem Essen!

Eure Vivien Koitka, Chefredakteurin

INHALT

Alle Themen und Ratgeber

8 Low-Carb-Guide
Gewusst wie: Was bedeutet Low Carb und wie setzt man dabei den Thermomix® geschickt ein?

10 LIEBLINGSGERICHTE
Schlemmen und gleichzeitig abnehmen – diese Rezepte machen satt und glücklich!

22 START IN DEN TAG
Gut gelaunt und mit Power in den Tag – das gelingt mit diesen Frühstücksideen ganz leicht

34 Kühlschrank-Check
Auf einen Blick: Welche Lebensmittel bleiben im Kühlschrank und welche fliegen raus?

36 EASY LUNCH
Wir haben 8 köstliche Low-Carb-Rezepte, damit ihr gestärkt die zweite Tageshälfte meistert

54 Cheat Day
Warum schummeln erlaubt ist und ihr so sogar dabei noch abnehmt, erklären wir euch hier

56 SCHNELLE KÜCHE
Diese Gerichte sind in maximal 30 Minuten auf dem Tisch – so wird das Abnehmen kinderleicht

70 Zubehör-Tipps
Zuverlässige Küchenhelfer für den Thermomix®, die euch in der Low-Carb-Küche unterstützen

72 SNACKS
Leckere Knabbereien gegen den Heißhunger – hier könnt ihr mit gutem Gewissen zugreifen

84 SOS-Tricks bei Heißhunger
Die besten Tipps und Tricks, falls der Jieper auf Süßes & Co. doch einmal zu groß wird

86 KAFFEEZEIT
Ob verführerischer Käsekuchen oder leckere Cookies – Naschen ist hier ausdrücklich erlaubt

98 Süßes Gebäck
Die ultimativen Low-Carb-Tricks in der Backstube: So ersetzt ihr clever Zucker und Weizenmehl

100 LIEFERDIENST
Diese Gerichte sind wahres Comfort-Food und tun der Seele gut – natürlich Low Carb

114 BROT UND BRÖTCHEN
Wer Kohlenhydrate reduzieren möchte, der muss nicht auf Brot und Brötchen verzichten!

128 FÜR DIE VORRATSKAMMER
Selbst gemixte, gesunde Alternativen zu Mayo, Marmelade & Co. – Genuss ohne Reue

SERVICE

3 Editorial

6 Rezeptefinder

142 Symbole & Impressum

Fotos: StockFood/Luck, Alex (1); StockFood/Bauer Syndication (1); StockFood/Gräfe & Unzer Verlag/Neubauer, Mathias (1); Archiv (1); Anna Gieseler (1) | Illustrationen: Archiv

128
GUTE BASIS
Marmelade, Mayo & Co. für Low Carber

10
LIEBLINGE
So lecker ist Low Carb – Fischstäbchen, Senfeier und Nudeln

22
FRÜHSTÜCK
5 abwechslungsreiche Ideen – so startet ihr mit Power in den Tag

98
FÜR SÜSSSCHNÄBEL
Mehl und Zucker clever ersetzen – wir zeigen euch, wie es geht

56
FIX GEMIXT
Easy-peasy zubereitet und dabei unglaublich leicht und lecker

REZEPTE DIESER AUSGABE

S. 12 Chili con Carne

S. 15 Fischstäbchen mit Bohnenpüree

S. 16 Zoodles mit Linsen-Bolognese

S. 19 Senfeier mit Blumenkohlstampf

S. 20 Lasagne mit Gemüseplatten

S. 24 Low-Carb-Omelett mit Quark

S. 27 Beerensmoothie mit Mandeln

S. 28 Bananenbrot mit Frischkäse

S. 31 Shakshuka mit Schafskäse

S. 32 Schokopudding mit Chiasamen

S. 38 Hähnchenschnitzel

S. 41 Räubertopf mit Paprika

S. 42 Lachs mit Kokos-Blumenkohlreis

S. 45 Blumenkohl-Cremesuppe

S. 46 Lachsfrikadellen mit Joghurtdip

S. 49 Blumenkohlreis-Salat mit Feta

S. 50 Cloud-Bread-Sandwich

S. 53 Apfelringe in Pfannkuchenteig

S. 58 Eiweiß-Omelett mit Feta

S. 61 Karotten-Feta-Bratlinge

S. 62 Blumenkohl-Risotto

S. 65 Kürbissuppe mit Chorizo

S. 66 Tofu-Scramble mit Avocado

S. 69 ZauberGrieß

S. 74 Parmesanwaffeln mit Basilikum

S. 77 Tortillachips mit Lachsdip

S. 78 Energy Balls mit Ingwer

S. 81 Low-Carb-Schichtdessert

S. 82 „Bounty"-Riegel

S. 88 Klassischer Käsekuchen

GOLD-EDITION

S. 91 Kokos-Mandel-Waffeln

S. 92 Cookies mit Schokolade

S. 95 Softe Zitronenmuffins

S. 96 Schneller Apfelkuchen

S. 102 Pizza Formaggi

S. 105 Cloud Burger

S. 106 Lahmacun mit Zaziki

S. 109 Döner-Teller

S. 110 Taco-Bowl mit Hackfleisch

S. 113 Sushi mit Blumenkohlreis

S. 116 Quarkbrötchen

S. 119 Eiweißbrot mit Quark

S. 120 Cloud Bread

S. 123 Joghurtbrot

S. 124 Low-Carb-Croissants

S. 130 Low-Carb-Tomatensoße

S. 133 Mayonnaise

S. 134 Gemüse-Gewürzpaste

S. 137 Lowtella

S. 138 Mandelmus mit Meersalz

S. 141 Low-Carb-Erdbeermarmelade

BASIS-REZEPTE

Joghurt Seite 61

Mediterraner Dip Seite 74

Cashewmus Seite 78

Marzipan Seite 99

Puddingpulver Seite 99

Schokoglasur Seite 99

Puderzucker und Zuckerguss Seite 99

Mandelmehl und Mandelmilch Seite 99

Low-Carb-Tortillas Seite 110

Fotos: siehe Rezeptseiten | Illustrationen: Archiv

RATGEBER

LOW CARB GUIDE

Unser Ziel: Gewicht reduzieren. Erfahrt hier, wie euch das ab jetzt gelingt und wie ihr die klassischen Fehler ganz leicht vermeidet

EUER BEGLEITER

Low Carb heißt vor allem auch selbst zu kochen, denn so wisst ihr, was drinsteckt. Versteckter Zuckerr, wie etwa in Dressings oder Brotaufstrichen, gehört der Vergangenheit an. Der Thermomix® ist gerade in der Low-Carb-Ernährung der perfekte Begleiter: Er gart Gemüse sanft und schonend, zaubert im Nu schmackhafte Rohkostsalate, rührt den Teig für leckere Low-Carb-Brote, kümmert sich um Suppen und Soßen und hilft uns, gesunde Snacks zuzubereiten.

WAS IST LOW CARB?

Ob das Croissant für unterwegs oder die Nudeln in der Kantine – Kohlenhydrate begleiten uns durch den Tag. **Aber**: Kohlenhydratreiche Lebensmittel lassen den Blutzuckerspiegel stark ansteigen. Warum? Aus Kohlenhydraten wird in unserem Körper Glukose, also Zucker, und die wandert ins Blut. Essen wir viele Kohlenhydrate über den Tag verteilt, steigt und sinkt unser Blutzuckerspiegel ständig – denn unser Körper versucht mit Insulin, den Anstieg wieder zu regulieren, was aber auch die Speicherung von Fetten begünstigt. Und wenn der Blutzuckerspiegel sinkt, bekommen wir fiesen Heißhunger – denn der Körper möchte mehr Glukose. Ein Teufelskreis also.

DIE LÖSUNG

Low Carb! Wir sind Fans der Trend-Ernährung. Denn: Es geht hier um mehr als ums Abnehmen. Wer weniger Kohlenhydrate zu sich nimmt, dafür mehr gute Fette und Proteine isst, der kann dieses Auf und Ab stoppen. Der Blutzuckerspiegel bleibt stabil und ihr habt keine Heißhungerattacken. Und die Pfunde purzeln dabei ganz nebenbei! Das Beste: Ihr könnt euch trotzdem satt essen und müsst nicht hungern. Welche Lebensmittel sich besonders gut eignen, haben wir für euch auf Seite 34 zusammengefasst.

Tipps vom Motivations-Coach

VIEL TRINKEN
Wasser regt euren Stoffwechsel an. Wir raten euch, täglich 30 ml Wasser pro Kilogramm Körpergewicht an Flüssigkeit zu euch zu nehmen. Trinkt viel Wasser und ungesüßte Tees!

TEAMWORK
Gemeinsam stark! Die Diät durchzuhalten ist zuletzt eine Frage der Motivation. Gerade dann, wenn sich der anfängliche Optimismus verflüchtigt. Der Austausch mit anderen Low Carbern kann euch dabei helfen.

HAPPY
Findet Lebensmittel, die euch auch ohne viel Zucker glücklich machen. Gerade bei Stress solltet ihr immer ein gesundes Happy-Food-Rezept parat haben.

NOTFALL
Ein paar Nüsse solltet ihr immer dabeihaben. So seid ihr gewappnet, wenn der Süßhunger kommt.

SCHLAFT AUSREICHEND
Übermüdung kann euren Heißhunger steigern.

ESSENSPAUSE
Plant zwischen Abendessen und Frühstück eine zehnstündige Essenspause ein. So kurbelt ihr eure Fettverbrennung „im Schlaf" an.

Esst aufmerksam und langsam. So spürt ihr, ob ihr satt seid, und bleibt es auch länger!

BEWEGUNG – ABER EINE, DIE SPASS MACHT!
Dass eure Gesundheit von Bewegung profitiert und Sport euch beim Abnehmen hilft, ist kein Geheimnis. Aber: Zwingt euch nicht zu irgendwelchen Aktivitäten! Sucht euch eine Bewegungsform, die euch wirklich Spaß macht. Ihr müsst nicht ins Fitnessstudio. Schon ein täglicher Spaziergang oder sanfte Yoga-Übungen können ein Anfang sein, Bewegung in den Alltag zu integrieren.

NICHT ZU STRENG
Wenn der Heißhunger zu groß ist, könnt ihr auch ab und an einen Cheat Day einlegen – ohne schlechtes Gewissen. Mehr dazu erfahrt ihr auf Seite 54.

STEP BY STEP
Gebt euch und eurem Körper die Zeit, die er braucht, um sich umzustellen. Das gelingt am besten, indem ihr zu Beginn erst einmal nur eine Mahlzeit pro Tag durch Low Carb ersetzt. Am besten mittags oder abends.

LOW CARB HEISST NICHT NO CARB!
Man sollte aber mit Bedacht vorgehen. Kleine Ausnahmen sind erlaubt.

WERTVOLL
Komplett auf Kohlenhydrate zu verzichten (engl. „no carb") macht keinen Sinn. Denn Vollkornprodukte, Obst und kohlenhydratreiches Gemüse helfen mit ihren Ballaststoffen zum einen der Verdauung und zum anderen enthalten sie wichtige Vitamine und Mineralien. Täglich 30 bis 50 Gramm Pseudogetreide wie Quinoa oder Amarant, stärkehaltiges Gemüse (Süßkartoffeln, Hülsenfrüchte wie Bohnen oder Linsen) sind trotz enthaltener Kohlenhydrate für eine Low-Carb-Ernährung in Maßen geeignet und wertvoll.

Foto: Archiv | Illustrationen: Getty Images/iStock/Getty Images Plus/alexkava (1), da-vooda (1), Yana Momchilova (1); Archiv (2)

LIEBLINGSGERICHTE

Chili con Carne

Fischstäbchen
mit Bohnenpüree

Zoodles
mit Linsen-Bolognese

Senfeier
mit Blumenkohlstampf

Lasagne mit Gemüseplatten

Foto: siehe Seite 17

FÜR LEIB UND SEELE

Die fünf besten Wohlfühlgerichte, die einfach glücklich machen

MIT LIEBE GEMIXT

Chili con Carne

00 45 std : min

LOW CARB LOW FAT

PRO PORTION: 668 KCAL | 44 G E | 46 G F | 25 G KH
ZUTATEN FÜR 4 PERSONEN

- 1 Zwiebel, halbiert
- 2 Knoblauchzehen
- 2 rote Chilischoten
- 1 Karotte, in Stücken
- 30 g natives Olivenöl extra
- 750 g Rinderhackfleisch
- 700 g Wasser
- 2 TL Gemüse-Gewürzpaste (siehe Seite 134)
- 4 Tomaten, in Würfeln
- 2 EL Tomatenmark
- ½ TL Salz
- 3 Prisen frisch gemahlener schwarzer Pfeffer
- 1 TL gemahlener Kreuzkümmel
- 1 TL getrockneter Koriander
- 1 TL edelsüßes Paprikapulver
- 1 Prise frisch geriebene Muskatnuss
- 1 TL Zitronenabrieb
- 200 g Kidneybohnen (Dose), abgetropft
- 175 g Mais (Dose), abgetropft
- Blättchen von 2 Stielen Petersilie zum Garnieren

1 Zwiebel, Knoblauch, Chilischoten sowie Karotte in den geben und **4 Sek. | Stufe 6** zerkleinern. Mit dem nach unten schieben, Olivenöl zufügen und ohne Messbecher **4 Min. | 120 °C | Stufe 2** andünsten.

2 Das Hackfleisch zugeben und **5 Min. | 120 °C | | Stufe 1** mitdünsten. Wasser, Gewürzpaste, Tomaten, Tomatenmark, Salz, Pfeffer, Kreuzkümmel, Koriander, Paprikapulver, Muskat sowie den Zitronenabrieb zufügen, alles **25 Min. | 98 °C | | Stufe 1** köcheln lassen. In den letzten 5 Min. die Kidneybohnen und den Mais zugeben.

3 Das Chili in Schalen verteilen und mit Petersilie bestreut servieren

>KIDEYBOHNEN Sie sind bei einer Low-Carb-Ernährung eine gute Wahl, da sie mit ihrem hohen Ballaststoffgehalt lange satt machen und den Blutzuckerspiegel stabil halten. Die kleinen Energiepakete sind zudem eine tolle Eiweißquelle, die beim Muskelaufbau sowie beim Fettabbau hilft. Weiteres Plus: Zusammen mit nahezu allen anderen Zutaten für das Chili sind sie lange lagerfähig.

PERFEKTER HELFER

Nach dem Zerkleinern werden die Zutaten mit dem nach unten geschoben. So bleiben keine Stücke am Rand des haften und alles wird gleichmäßig angedünstet, damit euer Chili den intensiven Geschmack erhält.

Fotos: StockFood/Neufing, Simone; Archiv

ONE
POT

Fischstäbchen mit Bohnenpüree

00 45 std : min

LOW CARB LOW FAT

PRO PORTION: 655 KCAL | 38 G E | 46 G F | 22 G KH
ZUTATEN FÜR 4 PERSONEN

FÜR DEN SALAT
- **1 EL Zitronensaft**
- **1 EL Weißweinessig**
- **Salz**
- **frisch gemahlener schwarzer Pfeffer**
- **2 EL natives Olivenöl extra**
- **100 g Feldsalat**
- **1 Zwiebel, in Ringen**

FÜR DAS PÜREE
- **300 g Wasser**
- **150 g dicke Bohnen**
- **20 g Pinienkerne**
- **50 g Sahne**
- **75 g Frischkäse**

FÜR DIE FISCHSTÄBCHEN
- **400 g Seelachsfilets, in Streifen**
- **2 EL Zitronensaft**
- **1 Ei**
- **30 g Mandelmehl**
- **75 g Kokosflocken**
- **2 EL Sonnenblumenöl**
- **1 unbehandelte Zitrone, in Spalten zum Garnieren**

1 | Für den Salat Zitronensaft mit Essig, je 1 Prise Salz und Pfeffer sowie Olivenöl in den geben, **30 Sek.** | | **Stufe 3,5** verquirlen. In eine Schüssel füllen und kurz vor dem Servieren mit Feldsalat und den Zwiebelringen vermengen.

2 | Für das Püree Wasser mit 1 TL Salz in den geben, den Garkorb einsetzen, die Bohnen einwiegen und **10 Min.** | **Varoma®** | **Stufe 2** garen. Inzwischen die Pinienkerne in einer Pfanne ohne Zugabe von Fett rösten.

3 | Für die Fischstäbchen den Fisch mit ½ TL Salz und Pfeffer würzen und mit Zitronensaft beträufeln. Das Ei in einem tiefen Teller verquirlen. Das Mandelmehl und die Kokosflocken jeweils auf Teller geben. Die Fischstreifen erst im Mandelmehl wenden, durch das verquirlte Ei ziehen, dann in den Kokosflocken wälzen, die Panade gut andrücken. In einer Pfanne das Sonnenblumenöl erhitzen, die Fischstäbchen darin in ca. 8 Min. goldbraun braten, dabei einmal wenden. Herausnehmen, auf Küchenpapier abtropfen lassen.

4 | Den Garkorb mithilfe des entnehmen, Bohnen mit kaltem Wasser abschrecken und aus den Häuten drücken. Die Bohnen mit Pinienkernen, Sahne, Frischkäse, ½ TL Salz sowie 2 Prisen Pfeffer in den geben und **20 Sek.** | **Stufe 6** pürieren.

5 | Den Salat auf Teller verteilen. Die Fischstäbchen und das Bohnenpüree darauf anrichten und alles mit etwas Pfeffer würzen. Die Fischstäbchen mit Zitronenspalten servieren.

>LOW-CARB-PANADE Statt Weizenmehl werden hier die Fischstäbchen mit kohlenhydratarmem Mandelmehl und Kokosflocken zubereitet. So könnt ihr ohne Reue schlemmen!

Zoodles mit Linsen-Bolognese

00 45
std : min

LOW CARB | LOW FAT

PRO PORTION: 510 KCAL | 35 G E | 30 G F | 25 G KH
ZUTATEN FÜR 4 PERSONEN

- **40 g Parmesan, in Stücken**
- **2 Zwiebeln, halbiert**
- **4 Knoblauchzehen**
- **1 Karotte, in Stücken**
- **1 Stange Staudensellerie, in Stücken**
- **40 g natives Olivenöl extra**
- **20 g Tomatenmark**
- **350 g gemischtes Hackfleisch**
- **20 g Basilikumblättchen**
- **120 g rote Linsen**
- **600 g stückige Tomaten (Dose)**
- **1 TL getrockneter Thymian**
- **1 TL getrockneter Oregano**
- **350 g Wasser**
- **1 TL Gemüse-Gewürzpaste (siehe Seite 134)**
- **Salz**
- **frisch gemahlener schwarzer Pfeffer**
- **3 Zucchini**

1 | Parmesan in den geben, **8 Sek. | Stufe 8** zerkleinern und umfüllen. Zwiebeln mit Knoblauch in den geben, **5 Sek. | Stufe 5** zerkleinern. Die Hälfte umfüllen, den Rest mit dem nach unten schieben, Karotte sowie Sellerie zugeben, weitere **7 Sek. | Stufe 5** zerkleinern. Erneut mit dem nach unten schieben.

2 | 20 g Öl sowie Tomatenmark zufügen, **4 Min. | Varoma® | Stufe 1** andünsten. Hackfleisch in den geben und **6 Min. | Varoma® | |** mitdünsten. Basilikum, Linsen, Tomaten, Kräuter, Wasser, Gemüse-Gewürzpaste, ½ TL Salz sowie Pfeffer zufügen, mit dem unterrühren und ohne Messbecher **25 Min. | 95 °C | |** köcheln lassen. Den Garkorb als Spritzschutz aufsetzen.

3 | Währenddessen die Zucchini mit einem Spiralschneider zu Spaghetti verarbeiten. Restliches Olivenöl in einer großen Pfanne erhitzen und die restlichen Zwiebel- und Knoblauchstückchen darin hell andünsten. Die Zucchininudeln dazugeben und unter Rühren anschwitzen, bis sie etwas zusammengefallen sind, dann mit ½ TL Salz und Pfeffer würzen.

4 | Die Zucchininudeln auf Teller verteilen. Die Linsen-Bolognese abschmecken, darauf verteilen und mit etwas Parmesan bestreut servieren.

>ZOODLES Gemüsenudeln sind ideal für alle, die auf ihre Figur achten oder sich einfach nur gesund ernähren wollen. Mehr Low Carb geht fast nicht! Zucchini ist die bekannteste Sorte für Gemüsenudeln – aus dem „Z" von Zucchini und dem englischen Wort „noodles" für Nudeln ist übrigens der Name Zoodles entstanden.

FRISCHE GEMÜSENUDELN

Mit dem Spiralschneider zaubert ihr im Nu die schönsten Gemüsenudeln auf eure Teller. 21,95 Euro unter www.zaubertopf-shop.de

Fotos: StockFood/Luck, Alex; Archiv

EASY

EASY

Senfeier mit Blumenkohlstampf

00 40
std : min

LOW CARB LOW FAT

PRO PORTION: 596 KCAL | 23 G E | 50 G F | 17 G KH
ZUTATEN FÜR 4 PERSONEN

- **20 g Kerbelblättchen**
- **750 g Wasser**
- **Salz**
- **8 Eier**
- **750 g Blumenkohl, in Röschen**
- **200 g Sahne**
- **1 EL Butter**
- **etwas frisch geriebene Muskatnuss**
- **frisch geriebener schwarzer Pfeffer**
- **250 g Crème fraîche**
- **40 g mittelscharfer Senf**
- **Saft von ½ Zitrone**
- **4 EL Schnittlauchröllchen**

1 Kerbel in den geben, **3 Sek. | Stufe 8** zerkleinern und umfüllen. Wasser mit 1 TL Salz in den füllen, den Garkorb mit den Eiern einhängen und den Blumenkohl im Varoma® verteilen. Varoma® geschlossen aufsetzen und **25 Min. | Varoma® | Stufe 1** garen. Varoma® absetzen, die Eier kalt abschrecken und den spülen.

2 Den Blumenkohl, 100 g Sahne sowie Butter in den geben und **30 Sek. | Stufe 8** pürieren. Mit jeweils 1 Prise Muskatnuss, Salz und Pfeffer abschmecken. Umfüllen und den spülen.

3 Crème fraîche, restliche Sahne und Senf in den geben und **15 Sek. | Stufe 2** vermischen. **5 Min. | 100 °C | Stufe 2** aufkochen. Mit Zitronensaft, ½ TL Salz und 1 Prise Pfeffer abschmecken.

4 Die Eier pellen, halbieren und zusammen mit dem Blumenkohlstampf und der Senfsoße anrichten. Mit Kerbel und Schnittlauch garniert servieren.

> **EIER** Mit nur 90 Kalorien pro Stück sättigen Eier aufgrund ihres hohen Eiweiß- und Fettgehalts lang anhaltend, sodass ihr insgesamt weniger esst. Übrigens: Eier heizen die Fettverbrennung an, vor allem in Kombi mit Gemüse!

Hart gekocht oder wachsweich – wie euch der perfekte Gargrad gelingt, verrät diese Folge:

Scan mich

Fotos: Tina Bumann; Archiv

Lasagne mit Gemüseplatten

01 | 10
std : min

LOW CARB LOW FAT

PRO PORTION: 733 KCAL | 43 G E | 53 G F | 18 G KH

ZUTATEN FÜR 4 PERSONEN

FÜR DEN BELAG
- ★ **2 Zucchini, in dünnen Scheiben**
- ★ **1 Aubergine, in dünnen Scheiben**
- ★ **Salz**
- ★ **100 g Gouda, in Stücken**
- ★ **125 g Mozzarella, in dünnen Scheiben**

FÜR DIE TOMATENSOSSE
- ★ **1 Zwiebel, halbiert**
- ★ **2 Knoblauchzehen**
- ★ **2 EL natives Olivenöl extra**
- ★ **400 g gemischtes Hackfleisch**
- ★ **1 TL getrockneter Oregano**
- ★ **frisch gemahlener schwarzer Pfeffer**
- ★ **3 EL Tomatenmark**
- ★ **400 g stückige Tomaten (Dose)**
- ★ **1 TL Gemüse-Gewürzpaste (siehe Seite 134)**
- ★ **1 getrocknetes Lorbeerblatt**

FÜR DIE KRÄUTERSOSSE
- ★ **50 g gemischte Kräuter (z.B. Basilikum, Petersilie)**
- ★ **400 g Crème fraîche**
- ★ **1 Msp. frisch geriebene Muskatnuss**

AUSSERDEM
- ★ **Auflaufform (ca. 25×20 cm)**

AROMATISCH

Ob für Pastasoßen, Pizzas, Suppen, Aufläufe oder Currys – Dosentomaten sind gesund, aromatisch und vor allem jederzeit schnell einsatzbereit. Wichtig: Kauft Produkte ohne Zuckerzusatz.

1 | Die Zucchini- und Auberginenscheiben auf Küchenpapier legen, von beiden Seiten salzen. Den Gouda in den geben, **10 Sek.** | **Stufe 7** zerkleinern und umfüllen.

2 | Für die Tomatensoße Zwiebel mit Knoblauchzehen in den geben und **5 Sek.** | **Stufe 5** zerkleinern. Mit dem nach unten schieben. Olivenöl zufügen, **3 Min.** | **120 °C** | **Stufe 1** andünsten. Hackfleisch zugeben, mit Oregano, 1 TL Salz sowie ½ TL Pfeffer würzen und **5 Min.** | **120 °C** | | **Stufe 1** mitdünsten. Tomatenmark, stückige Tomaten, Gewürzpaste und das Lorbeerblatt hinzufügen, alles **20 Min.** | **98 °C** | | **Stufe 1** kochen. Die Soße umfüllen, Lorbeerblatt entnehmen und den spülen.

3 | Den Backofen auf 180 °C Ober-/Unterhitze vorheizen. Für die Kräutersoße Kräuter in den füllen, **4 Sek.** | **Stufe 8** zerkleinern. Mit dem nach unten schieben. Crème fraîche dazugeben, mit jeweils 1 Prise Salz und Pfeffer sowie Muskatnuss würzen und alles **1 Min.** | **Stufe 2** vermengen.

4 | Gemüsescheiben mit Küchenpapier trocken tupfen. Den Boden einer eckigen Auflaufform mit etwas Tomatensoße bedecken. Eine Schicht Gemüsescheiben auflegen, mit Tomatensoße und Kräutersoße bedecken. Den Vorgang abwechselnd mit Auberginenscheiben und Zucchinischeiben wiederholen, bis alle Zutaten aufgebraucht sind. Abschließend die Lasagne mit dem Mozzarella sowie geriebenen Käse bestreuen.

5 | Die Lasagne für 30 Min. im Ofen backen. Dann herausnehmen und portionsweise servieren.

>**TIPP** Für die Lasagne braucht ihr nur das Hackfleisch und das Gemüse frisch zu kaufen, alles andere hält länger!

Fotos: Ira Leoni; Archiv

FRÜHSTÜCK

Low-Carb-Omelett
mit Quark und Beeren

Beerensmoothie
mit Mandeln

Bananenbrot
mit Frischkäsefüllung

Shakshuka
mit Schafkäse

Schokopudding
mit Chiasamen

Foto: siehe Seite 29

SATTMACHER FRÜHSTÜCK

Mit diesen Rezepten startet ihr abwechslungsreich in den Tag

SORGT FÜR GUTE LAUNE

Low-Carb-Omelett mit Quark und Beeren

00 | 20
std : min

LOW CARB LOW FAT

PRO PORTION: 512 KCAL | 47 G E | 26 G F | 23 G KH
ZZGL. 30 MIN. RUHEZEIT
ZUTATEN FÜR 4 PERSONEN

FÜR DEN TEIG
- **250 g Mandelmehl**
- **400 g Milch**
- **3 Eier**
- **1 TL Agavendicksaft**
- **2 EL Guarkernmehl**
- **1 Prise Salz**
- **4 TL Butter**

FÜR DIE FÜLLUNG
- **Blättchen von 1 Stiel Zitronenmelisse zzgl. etwas mehr zum Garnieren**
- **400 g Quark**
- **4 EL Sahne**
- **Mark von ½ Vanilleschote**
- **375 g Beeren (z. B. Himbeeren, Brombeeren, Blaubeeren)**
- **Abrieb von 2 unbehandelten Limetten**
- **einige gehackte Mandeln zum Bestreuen**

1 | Für den Teig alle Zutaten, bis auf die Butter, im Mixtopf **2 Min. | Stufe 4** verrühren, anschließend umfüllen und 30 Min. ruhen lassen. Den Mixtopf spülen.

2 | Butter in einer beschichteten Pfanne erhitzen. Aus dem Teig bei mittlerer Temperatur 4 dünne Omeletts backen und auf Küchenpapier abtropfen lassen.

3 | Für die Füllung Zitronenmelisse in den Mixtopf geben und **3 Sek. | Stufe 8** zerkleinern. Quark, Sahne sowie Vanillemark zufügen und **15 Sek. | Stufe 3** vermischen.

4 | Omeletts auf Tellern anrichten, Quark und Beeren auf einer Hälfte jedes Omeletts verteilen, die andere Hälfte darüber einklappen. Mit Zitronenmelisse, Limettenabrieb und gehackten Mandeln bestreuen und servieren.

>LOW-CARB-HELDEN Mit den Low-Carb-Klassikern Eiern und Mandelmehl sind diese Omeletts im Thermomix® superschnell zubereitet. Die süße Eiweißbombe lässt Heißhunger im Nu verschwinden und hält lange satt.

>BACKTIPP Die Omeletts sind nicht ganz so fest wie Pfannkuchen, die mit Weizenmehl gebacken werden. Daher erst dann vorsichtig wenden, wenn sie schon fast durchgebacken sind.

FIX

Beerensmoothie mit Mandeln

00 10
std : min

LOW CARB LOW FAT

PRO PORTION: 141 KCAL | 15 G E | 6 G F | 7 G KH
ZUTATEN FÜR 4 GLÄSER À 200 ML

- **1 EL Kokosöl**
- **30 g Mandeln**
- **80 g Blaubeeren**
- **125 g Himbeeren**
- **3 EL Erythrit**
- **1 TL Chiasamen**
- **60 g Vanille-Proteinpulver**
- **600 g Wasser**

1 Das Kokosöl in einer Pfanne erhitzen. Die Mandeln zugeben und bei mittlerer Hitze anrösten. Anschließend abkühlen lassen.

2 Die gerösteten Mandeln in den Mixtopf geben, **8 Sek. | Stufe 7** zerkleinern. Die übrigen Zutaten zugeben und **45 Sek. | Stufe 10** pürieren. Den Smoothie auf 4 Gläser verteilen und servieren.

PROTEINPULVER

Eiweißpulver, auch Proteinpulver genannt, enthält kaum Fett und Kohlenhydrate. Ihr könnt es zur Ergänzung in der Low-Carb-Ernährung einsetzen. Gutes Proteinpulver enthält hochwertige Eiweißquellen aus z. B. Milch oder Molke, Hühnerei, Soja, Reis oder Erbsen.

Fotos: StockFood/für ZS Verlag/Brachat, Oliver; Getty Images/iStock/Getty Images Plus/MurzikNata

Bananenbrot mit Frischkäsefüllung

00 55 std : min

LOW CARB LOW FAT

PRO SCHEIBE: 292 KCAL | 14 G E | 21 G F | 9 G KH
ZUTATEN FÜR 1 BROT À 8 SCHEIBEN

FÜR DEN TEIG
- **2 TL Rapsöl zum Fetten**
- **120 g Mandelmehl zzgl. etwas mehr zum Bestreuen**
- **75 g Walnüsse**
- **75 g Butter, in Stücken**
- **2 Bananen**
- **1 Ei**
- **100 g Eryhrit**
- **75 g Joghurt**
- **1 TL Backpulver**
- **½ TL gemahlener Zimt**
- **1 Prise Salz**

FÜR DIE FÜLLUNG
- **120 g Frischkäse**
- **1 Ei**
- **30 g Mandelmehl**
- **1 EL Vanillemark**

AUSSERDEM
- **Kastenform (ca. 25 cm Länge)**

1 | Den Ofen auf 180 °C Ober-/Unterhitze vorheizen. Die Form mit Öl fetten und mit Mandelmehl ausstreuen.

2 | Für den Teig Walnüsse in den geben, **10 Sek. | Stufe 7** zerkleinern und umfüllen. Butter im **2 Min. | 80 °C |** schmelzen. Bananen, Ei, Erythrit sowie Nüsse und Joghurt zugeben und **40 Sek. | Stufe 7** verrühren. Die Mischung mit dem nach unten schieben. 120 g Mandelmehl, Backpulver, Zimt und Salz zugeben, **15 Sek. | Stufe 4** verrühren. Die Hälfte vom Teig in die Form füllen und den Rest umfüllen.

3 | Für die Füllung den Frischkäse, Ei, Mehl sowie Vanillemark zugeben und **10 Sek. | Stufe 4** verrühren. Die Masse auf den Bananenteig geben. Mit dem übrigen Teig bedecken und im Ofen ca. 45 Min. backen. Aus dem Ofen nehmen und abkühlen lassen. Aus der Form lösen und vollständig auskühlen lassen.

>**SÜSSE** Der Zuckerersatz Erythrit hat nicht die gleiche Süßkraft wie Zucker (etwa 70 Prozent), aber einen sehr ähnlichen Geschmack. Mit null Kohlenhydraten und nur 20 Kalorien pro 100 Gramm ist er eine der wichtigsten Low-Carb-Zuckeralternativen. Für das Bananenbrot braucht ihr nur 100 g, die übrige Süße bekommt es durch die beiden Bananen.

WALNUSS-POWER

Walnüsse haben relativ wenig Kohlenhydrate, dafür jede Menge Eiweiß, das Heißhungerattacken vorbeugt! Von allen Nüssen enthalten sie zudem die größte Menge an Omega-3-Fettsäuren – Nervennahrung pur!

FIX

Shakshuka mit Schafkäse

00 25 std : min

LOW CARB LOW FAT

PRO PORTION: 267 KCAL | 14 G E | 18 G F | 13 G KH
ZUTATEN FÜR 4 PERSONEN

- **Blättchen von 4 Stielen Petersilie**
- **1 rote Chilischote, entkernt, in Stücken**
- **1 Zwiebel, halbiert**
- **2 Knoblauchzehen**
- **20 g natives Olivenöl extra zzgl. etwas mehr zum Bestreichen**
- **2 rote Spitzpaprika, in Würfeln**
- **600 g stückige Tomaten (Dose)**
- **20 g Tomatenmark**
- **Salz**
- **frisch gemahlener schwarzer Pfeffer**
- **1 TL edelsüßes Paprikapulver**
- **1 TL gemahlener Kreuzkümmel**
- **4 Eier**
- **100 g Feta, zerbröselt**
- **1 EL Sesam**

1 | Petersilie in den Mixtopf geben und **3 Sek. | Stufe 8** zerkleinern, dann in eine Schüssel umfüllen. Chilischote, Zwiebel sowie Knoblauch in den Mixtopf geben und **6 Sek. | Stufe 5** zerkleinern. Mit dem Spatel nach unten schieben.

2 | Öl zufügen und **2 Min. | 120 °C | Stufe 2** andünsten. Spitzpaprika zugeben und weitere **2 Min. | 120 °C | Stufe 2** dünsten. Tomaten und Tomatenmark zufügen, mit ½ TL Salz, 3 Prisen Pfeffer, Paprikapulver sowie Kreuzkümmel würzen und alles **10 Min. | 95 °C | Linkslauf | Stufe 1** köcheln lassen.

3 | Währenddessen den Einlegeboden mit Backpapier auslegen, dabei die Dampfschlitze an den Seiten frei lassen. Backpapier mit etwas Olivenöl bestreichen. Eier aufschlagen und nebeneinander auf das Backpapier geben. Mit etwas Salz und Pfeffer würzen. Einlegeboden in den Varoma® einsetzen, den Varoma® aufsetzen und alles **8 Min. | Varoma® | Linkslauf | Stufe 1** zu Ende garen.

4 | Den Varoma® absetzen, die Tomatensoße auf tiefen Tellern anrichten und jeweils mit 1 Ei belegen. Mit Petersilie, zerbröseltem Feta sowie Sesam bestreuen und dann servieren.

> **SHAKSHUKA** Das Gericht ist eine Spezialität der nordafrikanischen und israelischen Küche. Hier ist es ein beliebtes Frühstück. Sein Name heißt so viel wie „Mischung". Vermischt werden hier – passend für eine Low-Carb-Ernährung – pochierte Eier mit einer Soße aus frischen Tomaten mit reichlich Knoblauch, Chili, Kümmel und Zwiebeln.

Mehr Frühstücks-Inspiration teilen wir hier!
WWW.PINTEREST.DE/MEINZAUBERTOPF

Foto: Tina Bumann

Schokopudding mit Chiasamen

00 10 std : min

PRO PORTION: 400 KCAL | 30 G E | 23 G F | 25 G KH

ZZGL. 1 STD. 30 MIN. RUHEZEIT

ZUTATEN FÜR 4 PERSONEN

- **100 g Chiasamen**
- **400 g Sojadrink**
- **400 g Wasser**
- **80 g Schoko-Proteinpulver**
- **½ TL gemahlener Zimt**
- **½ TL Vanilleextrakt**
- **2 EL Erythrit**
- **50 g Zartbitterschokolade, in Stücken**
- **1 EL Kokosöl**
- **1 EL Kakaopulver**
- **120 g Quark**
- **100 g frische Beeren (z.B. Blau- und Brombeeren)**

1 | Chiasamen mit Sojadrink, Wasser, Proteinpulver, Zimt, Vanilleextrakt sowie 1 EL Erythrit in den geben, **30 Sek. | ⟲ | Stufe 2,5** verrühren und umfüllen. Die Mischung etwa 30 Min. quellen lassen. Den spülen.

2 | In der Zwischenzeit die Schokolade in den geben und **4 Sek. | Stufe 8** zerkleinern, 1 EL davon abnehmen und beiseitestellen, Kokosöl mit Kakao zur restlichen Schokolade in den geben und alles **3 Min. | 50°C | Stufe 2** schmelzen.

3 | Die flüssige Schokolade unter den Chiapudding rühren und 1 Std. kalt stellen. Chiapudding in Glasschalen anrichten. Quark mit dem restlichen Eryhrit glatt rühren, mittig auf den Pudding setzen und mit Beeren garnieren. Den Chiapudding mit Schokoraspeln bestreuen und servieren.

>TIPP Anstelle der Chiasamen könnt ihr auch Leinsamen verwenden. Sie haben sehr ähnliche Vorzüge wie Chiasamen und sind zudem heimisch. Schaut, was ihr in eurem Supermarkt bekommt und probiert beides aus!

CHIASAMEN

Chiasamen gehören einfach zu Low Carb dazu und versorgen euch mit Omega-3-Fettsäuren, Eiweiß und Ballaststoffen – das macht lange satt. Das Superfood unterstützt zudem eure Verdauung und reguliert den Blutzucker.

Fotos: StockFood/Hendey, Magdalena; Getty Images/iStock/Getty Images Plus/AnjelaGr

EASY

KÜHLSCHRANK-CHECK

Welche Lebensmittel bleiben im Kühlschrank, welche fliegen raus?

✓ BUTTER

Wie bei allen naturbelassenen Miilchprodukten gilt auch für Butter: Sie darf im Kühlschrank bleiben.

✓ EIER

Ob als Rühreí, Omelett oder gekocht: Eier sättigen lang anhaltend – vor allem, wenn sie mit ballaststoffreichem Gemüse kombiniert werden.

✓ GEMÜSE UND OBST

Die Gemüseschublade ist nicht umsonst das größte Fach. Füllt sie randvoll mit Gemüse und Obst. Aus der Low-Carb-Küche nicht wegzudenken sind dabei Blumenkohl, Zucchini und Beeren.

✓ JOGHURT & CO.

Naturjoghurt und auch Quark sind gern gesehene Gäste im Low-Carb-Kühlschrank. Für eine fruchtige Note könnt ihr einige frische Beeren **10 Sek. | Stufe 4** zerkleinern und unterheben. Noch ein paar geschrotete Lein- oder Chiasamen darüber, fertig!

✓ KÄSE

Parmesan, Mozzarella oder Gouda – kauft, was euch schmeckt! Bei Frischkäse solltet ihr auf naturbelassenen zurückgreifen.

✓ MAGERES FLEISCH UND FISCH

Am besten nehmt ihr Geflügel- und Kochschinken sowie magere Fleischsorten. Auch Fisch ist bei einer kohlenhydratarmen Ernährung willkommen!

✗ DRESSING

Hier ist Selbstmachen Trumpf. Fertigsoßen enthalten viel zu viel unnötigen Zucker. Entscheidend sind hochwertiges Lein- oder Olivenöl und ein guter Essig. Mehr braucht man nicht. Frische Kräuter verleihen ein tolles Aroma.

✗ FERTIGPRODUKTE

Mayonnaise und Tomatensoße fliegen raus. Die macht ihr von jetzt an mit eurem Zaubertopf selbst – so wisst ihr, was drinsteckt. Die wichtigsten Basics gibt es ab Seite 128.

✗ FLEISCH UND WURST

Paniertes Fleisch ist für Low Carber nicht geeignet. Auch in fertig marinierten Fleischpackungen versteckt sich oft nicht wenig Zucker – ebenso in Salami.

✗ MARMELADE

Künftig lautet die Devise: selbst mixen! Ob aus frischen Früchten oder TK-Beeren. So entscheidet ihr, wie viel Zucker euer Aufstrich haben soll.

✗ SÄFTE, LIMOS UND NEKTAR

Diese Getränke haben ab sofort keinen Platz mehr im Kühlschrank. Wusstet ihr, dass zum Beispiel Mangonektar stolze 44 Stück Würfelzucker in der 1-Liter-Packung enthält?

Illustration: Getty Images/iStock/Getty Images Plus/lankogal (1)

EASY LUNCH

Hähnchenschnitzel
mit Zoodles und Salsa verde

Räubertopf mit Paprika

Lachs mit Kokos-Blumenkohlreis

Blumenkohl-Cremesuppe
mit gerösteten Kichererbsen

Lachsfrikadellen mit Joghurtdip

Blumenkohlreis-Salat
mit Feta und Cashews

Cloud-Bread-Sandwich

Apfelringe in Pfannkuchenteig

Foto: siehe Seite 51

GUTES ZUM MITTAG

Neue leichte Ideen: vom Sandwich über Frikadellen bis zum Gulasch

DIE GEBEN POWER

Hähnchenschnitzel mit Zoodles und Salsa verde

00 25
std : min

LOW CARB LOW FAT

PRO PORTION: 656 KCAL | 43 G E | 49 G F | 12 G KH
ZUTATEN FÜR 4 PERSONEN

- 800 g Zucchini
- 40 g gehobelte Mandeln
- 1 Knoblauchzehe
- 2 TL Kapern (Glas), abgetropft
- 2 Anchovis
- 3 Cornichons (Glas)
- 20 g Petersilienblättchen
- Blättchen von 2 Stielen Minze
- 20 g Basilikumblättchen
- Salz
- frisch gemahlener schwarzer Pfeffer
- 30 g heller Balsamicoessig
- 70 g natives Olivenöl extra zzgl. 2 EL zum Braten
- 500 g Wasser
- 4 Hähnchenschnitzel (à etwa 150 g)
- 150 g Feta, zerbröselt
- etwas Gartenkresse zum Garnieren

1 | Zucchini mithilfe eines Spiralschneiders zu Zucchininudeln verarbeiten und in den Varoma® geben. Die Mandeln in einer Pfanne ohne Fett rösten und umfüllen.

2 | Knoblauch, Kapern, Anchovis, Cornichons, Kräuter, je 3 Prisen Salz und Pfeffer, Essig sowie 70 g Olivenöl in den geben und **25 Sek. | Stufe 7** mixen. Salsa verde umfüllen. Wasser in den füllen und den Varoma® verschlossen aufsetzen, **16 Min. | Varoma® | Stufe 2** garen.

3 | Inzwischen 2 EL Öl in der Pfanne erhitzen und die Hähnchenschnitzel darin von beiden Seiten je 3–4 Min. braten. Dann mit ½ TL Salz und 1 Prise Pfeffer würzen.

4 | Den Feta mithilfe des unter die Zoodles rühren, mit Hähnchenschnitzeln auf Tellern anrichten und mit der Salsa verde beträufeln. Mit Mandeln und Gartenkresse garniert servieren.

>WUNDERWAFFE Mit nur 19 Kalorien pro 100 Gramm sind Zucchini ein echtes Schlankgemüse – vor allem, wenn man daraus Gemüsenudeln (Zoodles) zubereitet. Im Vergleich zu Hartweizennudeln enthält die Low-Carb-Pasta nur 2 statt 70 Gramm Kohlenhydrate pro 100 Gramm.

>DAMPFGAREN Wer mag, kann das Fleisch auch schonend im Varoma® garen. Dafür die Filets auf dem Einlegeboden verteilen und vor den Zucchininudeln für **15 Min. | Varoma® | Stufe 2** garen. Die Zucchininudeln im Varoma® verteilen, den Einlegeboden mit dem Fleisch wieder einsetzen und alles weitere 10 Min. garen.

FIX

TITELREZEPT
AiO

Räubertopf mit Paprika

01 00
std : min

LOW CARB LOW FAT

PRO PORTION: 452 KCAL | 25 G E | 29 G F | 22 G KH
ZUTATEN FÜR 4 PERSONEN

- **3 Zwiebeln, 1 halbiert und 2 in Streifen**
- **40 g Rapsöl**
- **750 g Geschnetzeltes vom Rind oder Schwein**
- **40 g Tomatenmark**
- **1 TL mittelscharfer Senf**
- **1 EL edelsüßes Paprikapulver**
- **1 TL rosenscharfes Paprikapulver**
- **500 g Rinderfond**
- **1 TL Zitronensaft**
- **2 Lorbeerblätter**
- **½ TL Salz**
- **3 Prisen frisch gemahlener schwarzer Pfeffer**
- **1 rote Paprikaschote, in Streifen**
- **1 gelbe Paprikaschote, in Streifen**
- **1 grüne Paprikaschote, in Streifen**

1 | Zwiebelhälften in den geben, **5 Sek. | Stufe 5** zerkleinern und mit dem nach unten schieben. Das Öl zufügen und ohne Messbecher **2 Min. | 120 °C | Stufe 1** dünsten.

2 | Geschnetzeltes zugeben und ohne Messbecher **6 Min. | 120 °C | | ** dünsten. Tomatenmark, Senf, Paprikapulver, Rinderfond, Zitronensaft, Lorbeerblätter, Salz sowie Pfeffer zufügen und alles **35 Min. | 100 °C | | Stufe 1** garen.

3 | Den Varoma® auf den setzen, Paprika- sowie Zwiebelstreifen hineingeben, den Varoma® verschließen und alles **15 Min. | Varoma® | | ** garen. Den Varoma® absetzen. Die Lorbeerblätter entfernen. Paprika und Zwiebeln in den geben und mithilfe des vermengen. Mit Salz sowie Pfeffer abschmecken und servieren.

>MEAL PREP Ihr könnt das Gulasch auch in Gläser à 400 ml abfüllen, so habt ihr auch direkt für den nächsten Tag im Büro ein leckeres Low-Carb-Gericht.

>FAMILIENTIPP Gulasch essen viele gern mit Nudeln oder Kartoffeln. Kocht ihr für die ganze Familie, könnt ihr diese Beilagen für die Kids parallel in einem Topf kochen.

Foto: Kathrin Knoll

Lachs mit Kokos-Blumenkohlreis

01 00
std : min

PRO PORTION: 766 KCAL | 44 G E | 54 G F | 21 G KH
ZUTATEN FÜR 4 PERSONEN

- 1 Zwiebel, halbiert
- 600 g Blumenkohl, in Röschen
- 2 EL Kokosöl
- ½ TL gemahlener Zimt
- 1 TL gemahlener Kreuzkümmel
- 1 TL Kurkumapulver
- Salz
- Cayennepfeffer
- 80 g Cashews
- 400 g Kokosmilch (Dose)
- 200 g Wasser
- 4 Lachsfilets (à ca. 150 g)
- Saft von ½ Zitrone
- ½ TL frisch gemahlener schwarzer Pfeffer
- 1 EL natives Olivenöl extra
- 1 TL Koriandersamen
- 1 TL gelbe Senfsaat
- 100 g Orangensaft
- Blättchen von 4 Stielen Koriander zum Garnieren
- 1 grüne Chilischote, in Scheiben, zum Garnieren

1 | Die Zwiebel mit dem Blumenkohl in den geben und **7 Sek. | Stufe 5** zerkleinern. Kokosöl zufügen und **8 Min. | 120 °C |** | andünsten. Mit Zimt, Kreuzkümmel, Kurkuma, ½ TL Salz und 1 Prise Cayennepfeffer würzen. Die Cashews mit dem unterrühren und **2 Min. | 120 °C |** | mitdünsten.

2 | Kokosmilch mit Wasser dazugeben. Lachsfilets mit Zitronensaft, ½ TL Salz und Pfeffer würzen und auf dem Einlegeboden verteilen. Den Varoma® mit dem Einlegeboden aufsetzen, den Varoma® verschließen und alles **20 Min. | Varoma® | Stufe 1** garen. Den Varoma® vorsichtig abnehmen, beiseitestellen. Blumenkohlreis umfüllen und den spülen.

3 | 1 EL Öl in den geben und mit Koriandersamen und Senfsaat **1 Min. | 100 °C | Stufe 2** andünsten. Mit dem Orangensaft ablöschen und ohne Messbecher **5 Min. | 100 °C | Stufe 2** aufkochen.

4 | Den Blumenkohlreis auf tiefe Teller verteilen. Den Lachs darauf anrichten, die Soße darübergeben und mit Koriander und Chili bestreut servieren.

>TIPP Für etwas Röstaroma könnt ihr den Lachs anschließend noch in 1 EL Öl kurz anbraten.

LACHS

Null Gramm Kohlenhydrate, nur 200 Kalorien und satte 20 Gramm Eiweiß pro 100 Gramm: Lachs ist perfekt für alle, die sich Low Carb ernähren und auf ihr Gewicht achten wollen. Mit seinem hohen Proteingehalt unterstützt der Fisch unter anderem den Muskelaufbau und einen gut funktionierenden Stoffwechsel.

AiO

EASY

Blumenkohl-Cremesuppe mit gerösteten Kichererbsen

00 40 std : min

LOW CARB LOW FAT

PRO PORTION: 462 KCAL | 14 G E | 36 G F | 16 G KH

ZUTATEN FÜR 4 PERSONEN

* **800 g Blumenkohl, in Röschen, davon 100 g in Scheiben**
* **150 g Knollensellerie, in Stücken**
* **1 Zwiebel, halbiert**
* **1 Knoblauchzehe**
* **200 g Kichererbsen (Dose), abgetropft**
* **3 EL Sonnenblumenöl**
* **800 g Wasser**
* **1 EL Gemüse-Gewürzpaste (siehe Seite 134)**
* **100 g Sahne**
* **1 TL Ras el-Hanout**
* **Salz**
* **1 Prise frisch gemahlener schwarzer Pfeffer**
* **150 g Frischkäse**
* **2 EL Zitronensaft**
* **1 Prise frisch geriebene Muskatnuss**
* **Blättchen von 2 Stielen Thymian zum Garnieren**

1 | Blumenkohlröschen, Sellerie, Zwiebel sowie Knoblauch in den [Mixtopf] geben und **5 Sek. | Stufe 5** zerkleinern. 150 g Kichererbsen mit 2 EL Öl zufügen und **8 Min. | 100 °C | [Linkslauf] | [Rührstufe]** dünsten. Wasser, Gewürzpaste und Sahne zugeben, **25 Min. | 98 °C | Stufe 1** köcheln.

2 | Inzwischen die restlichen Kichererbsen und die Blumenkohlscheiben in einer Pfanne im übrigen Öl ca. 10 Min. langsam goldbraun rösten. Mit Ras el-Hanout, ½ TL Salz und Pfeffer würzen.

3 | Die Suppe **30 Sek. | Stufe 4–6–8** ansteigend pürieren, nach Bedarf noch etwas Wasser ergänzen, dann den Frischkäse, ½ TL Salz, Zitronensaft und Muskat **10 Sek. | [Linkslauf] | Stufe 3** unterrühren. Die Suppe auf Schälchen verteilen und mit dem gerösteten Blumenkohl und Kichererbsen sowie Thymianblättchen garniert servieren.

>**CRUNCHY** Die Blumenkohlschreiben und die Kirchererbsen sind durch das Rösten extracrunchy und superaromatisch. Das gesunde Toppig könnt ihr auch für Salate und andere Suppen zubereiten – davon kann man nie genug bekommen!

LOW CARB

Ihr seid auf den Geschmack gekommen? Weitere Low-Carb-Gerichte zum Wohlfühlen findet ihr in unserer Kollektion: www.zaubertopf-club.de

Fotos: StockFood/Bauer Syndication; Archiv

Lachsfrikadellen mit Joghurtdip

00 40
std : min

PRO PORTION: 398 KCAL | 31 G E | 23 G F | 15 G KH

ZZGL 30 MIN. RUHEZEIT

ZUTATEN FÜR 4 PERSONEN

FÜR DIE FRIKADELLEN

- ★ **Blättchen von 2 Stielen Petersilie**
- ★ **Spitzen von 2 Stielen Dill**
- ★ **500 g Wasser**
- ★ **300 g Brokkoli, in Röschen**
- ★ **400 g Lachsfilet, angefroren, in Stücken**
- ★ **3 Frühlingszwiebeln, in Ringen**
- ★ **30 g Quinoaflocken**
- ★ **2 EL Chiasamen**
- ★ **Abrieb von ½ unbehandelten Zitrone**
- ★ **Salz**
- ★ **½ TL frisch gemahlener schwarzer Pfeffer**
- ★ **2 EL Sonnenblumenöl**

FÜR DEN SALAT

- ★ **200 g Joghurt**
- ★ **Saft von ½ Zitrone**
- ★ **60 g Blattsalat**
- ★ **25 g gemischte Kräuter (z.B. Basilikum, Kresse)**
- ★ **25 g Sprossen**
- ★ **12 Snack-Gurken, in Stiften**
- ★ **etwas Fleur de Sel zum Garnieren**

1 | Für die Frikadellen Petersilie sowie Dill in den geben, **3 Sek.** | **Stufe 8** zerkleinern und umfüllen. Wasser in den füllen, Brokkoli im Varoma® verteilen, diesen aufsetzen, verschließen und **20 Min.** | **Varoma®** | **Stufe 2** garen. Den Varoma® absetzen, Brokkoli umfüllen und den leeren. Den Brokkoli wieder in den geben und **7 Sek.** | **Stufe 5** zerkleinern.

2 | Den Lachs, Frühlingszwiebeln, Quinoaflocken, Chiasamen, Zitronenabrieb, je ½ TL Salz und Pfeffer zufügen und **10 Sek.** | **Stufe 5** vermengen. Bei Bedarf noch etwas Wasser oder Quinoaflocken untermischen. Aus der Masse 8 Frikadellen formen und diese mit Folie bedeckt ca. 30 Min. kühl stellen. Den spülen.

3 | Für den Salat den Joghurt mit 1 Prise Salz sowie Zitronensaft in den geben und **10 Sek.** | **Stufe 5** vermengen. Blattsalat, Kräuter, Sprossen und Gurke mit dem Joghurtdressing auf Tellern anrichten.

4 | In einer großen beschichteten Pfanne das Sonnenblumenöl erhitzen und die Lachsfrikadellen darin von beiden Seiten jeweils ca. 3 Min. goldbraun anbraten. Die Frikadellen auf dem Salat anrichten und mit Fleur de Sel garniert servieren.

VITAMINBOOST

Durch das schonende Dampfgaren im Varoma® bleiben Aromen, Vitamine und Mineralstoffe erhalten. Die Nährstoffe werden nicht einfach ausgewaschen und landen so mit dem Kochwasser im Abfluss. Dadurch genießt ihr knackiges, gesundes Gemüse, das die volle Power enthält.

Fotos: StockFood/News Life Media; Archiv

FIX

Blumenkohlreis-Salat mit Feta und Cashews

00 | 25
std : min

LOW CARB LOW FAT

PRO PORTION: 378 KCAL | 18 G E | 27 G F | 15 G KH

ZUTATEN FÜR 4 PERSONEN

- **800 g Blumenkohl, in Röschen**
- **500 g Wasser**
- **60 g Cashews**
- **40 g gemischte Kräuter (z. B. Dill, Minze, Petersilie)**
- **1 rote Paprikaschote, in Stücken**
- **1 gelbe Paprikaschote, in Stücken**
- **Abrieb und Saft von 1 unbehandelten Zitrone**
- **1 TL Salz**
- **¼ TL frisch gemahlener schwarzer Pfeffer**
- **½ TL gemahlener Kreuzkümmel**
- **40 g natives Olivenöl extra**
- **200 g Feta**

1 | Den Blumenkohl in 2 Portionen in den geben und nacheinander **5 Sek. | Stufe 5** zerkleinern. Dann in den Varoma® umfüllen. Wasser in den geben und den Blumenkohlreis im verschlossenen Varoma® **15 Min. | Varoma® | Stufe 2** garen. Cashews in einer Pfanne ohne Zugabe von Fett leicht rösten und etwas abkühlen lassen. Den Varoma® vorsichtig abnehmen und den leeren.

2 | Cashews, Kräuter, Paprika, Zitronenabrieb, Salz, Pfeffer sowie Kreuzkümmel in den geben, alles **4 Sek. | Stufe 4,5** zerkleinern. Olivenöl, Zitronensaft und den Blumenkohl zugeben. Mithilfe des vermengen und abschmecken. Auf Tellern anrichten, den Feta fein darüberbröseln und servieren.

>**MEAL PREP** Alternativ könnt ihr dieses Gericht auch für den nächsten Tag für die Mittagspause einpacken.

Cloud-Bread-Sandwich

00 30 std : min

LOW CARB · LOW FAT

PRO PORTION: 625 KCAL | 20 G E | 56 G F | 13 G KH

ZUTATEN FÜR 2 PERSONEN

FÜR DIE CLOUD BREADS

- **2 EL natives Olivenöl extra**
- **4 Eier, getrennt**
- **1 TL Backpulver**
- **Salz**
- **50 g Frischkäse**
- **2 EL Sesam**

FÜR DEN BELAG

- **Spitzen von 4 Stielen Dill**
- **100 g Crème fraîche**
- **frisch gemahlener schwarzer Pfeffer**
- **8 Radieschen, in Scheiben**
- **½ Gurke, in Scheiben**
- **20 g Rucola**

1 | Den Backofen auf 150 °C Umluft vorheizen, 2 Backbleche mit Backpapier belegen und mit Öl bepinseln.

2 | Für die Cloud Breads den Rühraufsatz in den setzen, Eiweiße mit dem Backpulver sowie 1 Prise Salz in den geben und ohne Zeiteinstellung bei **Stufe 3,5** unter Sichtkontakt steif schlagen. Den Eischnee umfüllen. Eigelbe mit Frischkäse in den geben, **20 Sek. | Stufe 3** glatt rühren. Eischnee mithilfe des unterheben.

3 | Die Masse auf den Backblechen zu je 4 runden Fladen (Ø ca. 12 cm) verstreichen und mit Sesam bestreuen. Beide Bleche in den Ofen schieben und die Cloud Breads 15 Min. backen. Die Cloud Breads herausnehmen, etwa 5 Min. abkühlen lassen, dann mit einem Messer vom Backpapier lösen und auf Kuchengittern auskühlen lassen. Den spülen.

4 | Für den Belag Dill in den geben, **2 Sek. | Stufe 8** zerkleinern. Crème fraîche, je 1 Prise Salz und Pfeffer zugeben und **10 Sek. | Stufe 3** verrühren, die Fladen damit bestreichen. Mit Radieschen, Gurke und Rucola belegen. Je einen zweiten Fladen daraufsetzen und servieren. Oder alternativ in Butterbrotpapier einpacken für unterwegs.

>FLUFFIG Wenn ihr euch Low Carb ernährt, kommt ihr an ihm nicht vorbei, dem Cloud Bread oder Oopsie. Die Zubereitung im Zaubertopf ist denkbar einfach und superschnell: Aus Eiern, Frischkäse und Backpulver gelingt euch ein luftig-leichtes Brot.

Foto: StockFood/für ZS Verlag/Timmann, Claudia

FIX

FIX

Apfelringe in Pfannkuchenteig

00 20
std : min

LOW CARB LOW FAT

PRO PORTION: 332 KCAL | 19 G E | 20 G F | 20 G KH

ZUTATEN FÜR 4 PERSONEN

- **4 Äpfel, in dünnen Scheiben**
- **3 EL Zitronensaft**
- **4 Eier, getrennt**
- **1 Prise Salz**
- **200 g Magerquark**
- **1 TL Vanilleextrakt**
- **50 g Mandelmehl**
- **3 EL Butterschmalz**
- **2 EL Erythrit**
- **1 TL gemahlener Zimt**

1 Apfelscheiben mit Zitronensaft beträufeln, beiseitestellen. Den Rühraufsatz einsetzen, Eiweiße und Salz im ohne Zeiteinstellung **Stufe 3,5** unter Sichtkontakt steif schlagen. Eischnee umfüllen. Eigelbe, Quark, Vanilleextrakt und Mehl in den füllen, **30 Sek. | Stufe 4** glatt rühren, dann den Eischnee mithilfe des unterheben.

2 Butterschmalz in einer Pfanne erhitzen. Apfelscheiben im Teig wenden, sodass sie komplett bedeckt sind, dann im heißen Fett goldbraun ausbacken. Erythrit und Zimt mischen, die fertigen Apfelringe damit bestreuen und servieren.

>KLASSIKER, NEU INTERPRETIERT Statt Pfannkuchen mit Apfelmus gibt es Apfelringe im Pfannkuchenteig – den Teig bereitet ihr mit Mandelmehl statt Weizenmehl zu, so spart ihr reichlich Kohlenhydrate!

ÄPFEL ENTKERNEN

Am einfachsten könnt ihr die Kerngehäuse mit einem Apfelstecher herauslösen. Alternativ könnt ihr die Äpfel auch einfach parallel zum Kerngehäuse in Scheiben schneiden. Dann backt ihr Apfeltaler aus.

Fotos: Tina Bumann; Archiv

RATGEBER

CHEAT DAY

Warum euch ein Schlemmer-Tag beim Abnehmen und Durchhalten hilft!

VERDIENTE PAUSE

Sicher habt ihr schon einmal vom **Cheat Day** gehört? Man schummelt also. Für 24 Stunden sind die Low-Carb-Regeln weitestgehend außer Kraft gesetzt. Und Hand aufs Herz: Manchmal ist das Verlangen nach Schokolade, Pizza oder einem Feierabendbier mit Freunden auch recht groß.

DIE GUTE NACHRICHT

Ab und an dürft ihr diesem Verlangen nachgeben. Wenn ihr ein paar Dinge beachtet, könnt ihr unter Umständen sogar schneller abnehmen. Unsere besten Tricks verraten wir auf der rechten Seite.

JEDE WOCHE

Der ständige Verzicht auf Lieblingsleckereien kann stark frustrieren. Die Folge: Das Risiko wird größer, in alte (ungesunde) Essensmuster zurückzufallen. Plant deshalb ruhig einen Schummel-Tag pro Woche ein, also einen Tag, an dem ihr mit euren Low-Carb-Regeln nicht ganz so streng sein müsst. Ihr werdet sehen, es wird euch an den übrigen sechs Wochentagen viel leichterfallen, standhaft zu bleiben.

GENUSS-TAG: TUT EUCH WAS GUTES

Wichtig ist, dass der Cheat Day immer etwas Besonderes, also eine bewusste Ausnahme bleibt. Schlagt also nicht allzu sehr über die Stränge. Sowohl bei Portionsgröße als auch bei den Zutaten der Mahlzeiten sollte Vernunft die oberste Priorität sein. Denn mit einem XXL-Fast-Food-Menü und literweise Cola kann man ruck, zuck den Erfolg der letzten Tage zunichtemachen. Es geht vielmehr darum, sich die Dinge zu gönnen, die man während der Diät am meisten vermisst.

ENERGIE

Ein Cheat Day kann euch sogar beim Sport helfen und euch zu einem regelrechten Energieboost verhelfen. Denn mit dem Schummel-Tag füllt ihr eure Energiereserven wieder auf und ihr startet mit Power erneut durch!

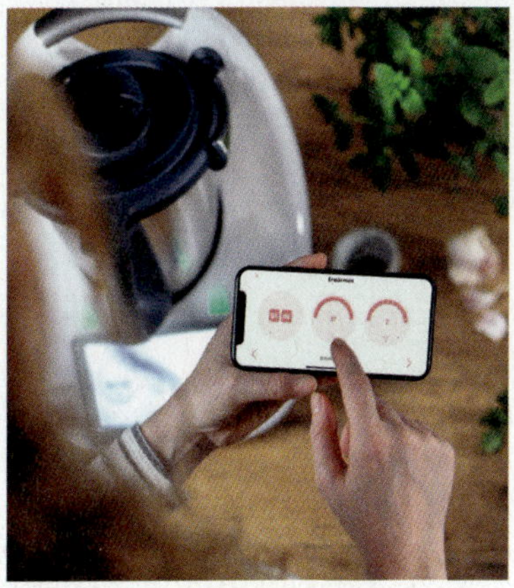

BEWUSST UND EINFACH PLANEN

Am besten plant ihr euren Pausentag in die Woche ein. Wir helfen euch! Neben tollen Low-Carb-Rezepten könnt ihr auch leckere Schlemmergerichte bequem über die ZauberTopf-App verwalten. Speichert eure Favoriten in „Kochbüchern" oder in Wochenplänen ab. So plant ihr übers Smartphone auch den Einkauf. Denn die Einkaufslisten werden automatisch erstellt, ihr braucht nur zu streichen, was ihr schon im Kühlschrank oder auf Vorrat habt. Meldet euch als Club-Mitglied (der erste Probemonat ist kostenlos!) an, dann könnt ihr die App herunterladen und alle Services immer und überall nutzen!

TOLLE IDEEN

Ihr könnt euch nicht entscheiden, was ihr an eurem Schlemmer-Tag mixen wollt? Wir haben tolle Ideen für euch! Die leckere Pasta auf der linken Seite und weitere Köstlichkeiten haben wir in einer Kollektion für euch zusammengestellt: www.zaubertopf-club.de

Top 4 Tipps

1 ESST, WORAUF IHR LUST HABT!

Hört auf euren Körper und genießt am Cheat Day das, worauf ihr Appetit habt. Nur so ist er auch sinnvoll.

2 FINDET EUREN RHYTHMUS

Ideal ist ein Verwöhntag pro Woche. Probiert aus, ob ihr mit dem Rhythmus „6 Tage Low Carb – 1 Tag schummeln" zurechtkommt. Oder schafft ihr 13 : 1?

3 KEIN SCHLECHTES GEWISSEN

Wenn ihr euch an einem Tag fürs Schlemmen entschieden habt, solltet ihr das genießen und das schlechte Gewissen abschalten.

4 MEAL STATT DAY

Euer Heißhunger hält sich in Grenzen? Dann genügt es vielleicht schon, statt eines kompletten Tages eine Mahlzeit einzuschieben. Statt einem ganzen Tag wird einfach bei einzelnen Mahlzeiten „geschummelt", z. B. einmal pro Woche beim Mittagessen, wenn die Kolleg*innen euch auf einen Burger einladen.

„Cheat" bedeutet „schummeln"

GENIESSEN

Heute werden keine Kohlenhydrate gezählt – heute genießt ihr euer Lieblingsessen in vollen Zügen! Ein schlechtes Gewissen braucht ihr nicht zu haben, ihr habt es euch verdient.

Fotos: Désirée Peikert (1); Archiv (2) | Illustrationen: Getty Images/iStock/Getty Images Plus/slalcmp (1), 4zevar (1); Archiv (1)

Eiweiß-Omelett
mit Feta und Tapenade

Karotten-Feta-Bratlinge
mit Gurkendip

Blumenkohl-Risotto
mit Mandeln

Kürbissuppe
mit knuspriger Chorizo

Tofu-Scramble
mit Avocado

ZauberGrieß

Foto: siehe Seite 60

FIX GEMIXT

Sättigende Low-Carb-Gerichte, die ruck, zuck zubereitet sind

SO VIELE GUTE IDEEN

Eiweiß-Omelett mit Feta und Tapenade

00 35
std : min

LOW CARB LOW FAT

PRO PORTION: 405 KCAL | 15 G E | 37 G F | 5 G KH

ZUTATEN FÜR 4 PERSONEN

FÜR DIE TAPENADE
- **1 kleine Zwiebel, halbiert**
- **1 grüne Chilischote**
- **70 g grüne Oliven, entsteint**
- **1 TL Kapern (Glas), abgetropft**
- **3 Sardellenfilets, in Öl**
- **1 EL Weißweinessig**
- **90 g natives Olivenöl extra**

FÜR DIE OMELETTS
- **20 g Petersilienblättchen**
- **10 Eiweiß**
- **½ TL Salz**
- **2 Prisen frisch gemahlener schwarzer Pfeffer**
- **600 g Wasser**
- **100 g Feta, zerbröselt**
- **Blättchen von 4 Stielen Oregano**
- **15 g Schnittlauch, in Röllchen**

1 | Für die Tapenade Zwiebel mit Chili in den geben und **5 Sek.** | **Stufe 5** zerkleinern. Mit dem nach unten schieben. Oliven, Kapern, Sardellen, Essig sowie Olivenöl zufügen und alles **10 Sek.** | **Stufe 5–8** aufsteigend zu einer Paste verarbeiten. Anschließend umfüllen und beiseitestellen. Den spülen.

2 | Für die Omeletts Petersilie in den geben, **3 Sek.** | **Stufe 8** zerkleinern und umfüllen. Den Rühraufsatz einsetzen, die Eiweiße ohne Zeiteinstellung auf **Stufe 3,5** unter Sichtkontakt schaumig rühren. Kurz vor Ende Salz, Pfeffer und Petersilie durch die Deckelöffnung zugeben.

3 | Den Einlegeboden mit passendem Backpapier auslegen und die Hälfte der Eiermasse hineingeben. Restliche Masse umfüllen und beiseitestellen. Den kurz ausspülen und das Wasser einwiegen. Den Varoma® mit dem Deckel verschlossen aufsetzen und das Omelett **15 Min.** | **Varoma®** | **Stufe 2** garen.

4 | Das Omelett auf einen Teller geben, jeweils die Hälfte Olivenpaste, Feta, Oregano und Schnittlauch daraufgeben und servieren. Zweites Omelett ebenso zubereiten, dabei nur 10 Min. einstellen und servieren.

>**KNUSPRIG** Zu dem Omlett könnt ihr noch einige Scheiben Low-Carb-Baguette mit etwas Fett in einer Pfanne anrösten.

WIE WÄR'S MIT …

Das Eiweiß-Omelett eignet sich auch fantastisch als Patty-Ersatz für einen Burger. Probiert es zum Beispiel in Kombination mit einem Portobello-Burger. Dieses Low-Carb-Gericht ist wahres Comfort-Food!

FIX

Karotten-Feta-Bratlinge mit Gurkendip

00 30 std : min

LOW CARB LOW FAT

PRO PORTION: 390 KCAL | 20 G E | 25 G F | 23 G KH

ZUTATEN FÜR 4 PERSONEN

FÜR DIE BRATLINGE

- **4 Karotten, in Stücken**
- **2 Zwiebeln, halbiert**
- **2 Knoblauchzehen**
- **50 g Mandelmehl**
- **2 Eier**
- **150 g Feta, zerbröselt**
- **2 EL edelsüßes Paprikapulver**
- **Salz**
- **frisch geriebener schwarzer Pfeffer**
- **3 EL Sonnenblumenöl**

FÜR DEN DIP

- **2 Knoblauchzehen**
- **1 Gurke, in Stücken**
- **400 g Joghurt**
- **1 unbehandelte Zitrone, in Scheiben**

1 Für die Bratlinge Karotten, Zwiebeln sowie Knoblauch in den geben und **8 Sek. | Stufe 5** zerkleinern. Mit dem nach unten schieben. Mandelmehl, Eier, Feta, Paprikapulver, 1 TL Salz sowie 2 Prisen Pfeffer hinzufügen und **10 Sek. | Stufe 4** vermengen. Falls die Masse sehr feucht ist, evtl. zusätzlich noch etwas Mandelmehl zufügen. Aus der Masse Bratlinge formen und in einer Pfanne mit dem Öl ausbacken. Den spülen.

2 Für den Dip Knoblauch mit Gurke in den geben und **6 Sek. | Stufe 5** zerkleinern. Joghurt, ½ TL Salz sowie 3 Prisen Pfeffer hinzufügen und alles **15 Sek. | | Stufe 3** vermengen. Die fertigen Bratlinge auf Teller verteilen, mit dem Dip und den Zitronenscheiben servieren.

>POWER-DIP Dank Thermomix® ist er ruck, zuck gemixt und das Beste: Joghurt enthält viel Eiweiß und hilft euch beim Muskelaufbau – und er verhindert, dass bei der Diät Muskelmasse statt Fett abgebaut wird.

>JOGHURT SELBST MIXEN 120 g Naturjoghurt (3,5 % Fett) mit 800 g Vollmilch im **30 Sek. | Stufe 4** verrühren. Dann **7 Min. | 50 °C | Stufe 2** erwärmen. In 8 kleine Gläser füllen, mit hitzebeständiger Folie oder Deckeln abdecken und in den Varoma® stellen. Den spülen. 250 g Wasser mit 20 g Zitronensaft in den geben und den Varoma® verschlossen aufsetzen. Das Fermentier-Programm (TM6) auf **8 Std. | 70 °C** einstellen. Vor dem Servieren den Joghurt mindestens 2 Std. in den Kühlschrank stellen. Kühl gelagert hält er sich etwa 1 Woche.

Schaut uns beim Zubereiten des selbst gemixten Joghurts zu

Scan mich

Fotos: StockFood/Gräfe & Unzer Verlag/Neubauer, Mathias; Archiv

Blumenkohl-Risotto mit Mandeln

00 30
std : min

LOW CARB LOW FAT

PRO PORTION: 645 KCAL | 24 G E | 53 G F | 19 G KH

ZUTATEN FÜR 4 PERSONEN

- **100 g Parmesan, in Stücken**
- **Blättchen von 3 Stielen Petersilie**
- **1500 g Blumenkohl, in Röschen**
- **1 Zwiebel, halbiert**
- **1 Knoblauchzehe**
- **2 cm Ingwer**
- **2 EL natives Olivenöl extra**
- **400 g Wasser**
- **1 TL Gemüse-Gewürzpaste (siehe Seite 134)**
- **200 g Sahne**
- **1 TL Kurkumapulver**
- **½ TL gemahlener Kreuzkümmel**
- **Salz**
- **frisch gemahlener schwarzer Pfeffer**
- **1 Prise frisch geriebene Muskatnuss**
- **1 TL Zitronensaft**
- **2 EL Mandelmus (siehe Seite 138)**
- **2 EL Butter**
- **4 EL Mandelblättchen, geröstet**

1 | Parmesan in den geben, **10 Sek. | Stufe 10** zerkleinern und umfüllen. Die Petersilie in den geben, **3 Sek. | Stufe 8** zerkleinern und umfüllen. Anschließend 500 g Blumenkohlröschen in den geben, mithilfe des **5 Sek. | Stufe 5** zerkleinern und umfüllen. Den Vorgang mit dem restlichen Blumenkohl wiederholen.

2 | Zwiebel, Knoblauch sowie Ingwer in den geben und **5 Sek. | Stufe 5** zerkleinern. Mit dem nach unten schieben. Das Öl hinzufügen und **3 Min. | 120 °C | Stufe 1** dünsten. Den Blumenkohl zugeben und **3 Min. | 100 °C | | Stufe 1** andünsten.

3 | Das Wasser mit Gewürzpaste und Sahne angießen, mit Kurkuma, Kreuzkümmel, je ½ TL Salz und Pfeffer, Muskat sowie Zitronensaft würzen und **15 Min. | 100 °C | | Stufe 1** garen.

4 | 60 g Parmesan, Mandelmus und Butter mit dem vorsichtig unterheben. Das Risotto sofort auf 4 Tellern anrichten, mit dem restlichen Parmesan, Petersilie sowie Mandelblättchen bestreuen und servieren.

>RISOTTO? Anstelle von Reis verarbeiten wir hier nur zerkleinerten Blumenkohl, dessen Konsistenz dem von Reis sehr ähnlich ist. So könnt ihr das Comfort-Food auch während der Low-Carb-Ernährung genießen.

BLUMENKOHL

Ein absolutes Must-have der Low-Carb-Küche. In 100 g stecken nur 0,7 g Kohlenhydrate. Ob fein geraspelt, roh oder gedünstet: Blumenkohl eignet sich als kohlenhydratarmer Ersatz für Reis oder Couscous, aber auch als Pizzaboden oder Veggie-Schnitzel.

Fotos: StockFood/Gräfe & Unzer Verlag/mona binner PHOTOGRAPHIE; Getty Images/iStock/Getty Images Plus/Tim UR

FIX

FIX

Kürbissuppe mit knuspriger Chorizo

00 30
std : min

LOW CARB LOW FAT

PRO PORTION: 381 KCAL | 13 G E | 30 G F | 14 G KH

ZUTATEN FÜR 4 PERSONEN

- 2 Zwiebeln, halbiert
- 4 Knoblauchzehen
- 3 EL natives Olivenöl extra zzgl. etwas mehr zum Braten
- 750 g Hokkaidokürbis, in Stücken
- 2 TL Ajvar
- 50 g Butter
- 400 g Wasser
- 1 EL Gemüse-Gewürzpaste (siehe Seite 134)
- 2 EL edelsüßes Paprikapulver
- Blättchen von 4 Stielen Thymian zzgl. etwas mehr zum Garnieren
- ½ TL Salz
- ½ TL frisch gemahlener schwarzer Pfeffer
- 200 g Chorizo, in Scheiben

1 | Zwiebeln und Knoblauch in den geben, **5 Sek. | Stufe 5** zerkleinern. Öl zufügen und **3 Min. | 120°C | Stufe 2** dünsten.

2 | Den Kürbis in den geben und **7 Sek. | Stufe 5** zerkleinern. Ajvar, Butter, Wasser, Gewürzpaste, Paprikapulver, Thymian, Salz sowie Pfeffer zufügen und alles **20 Min. | 98°C | Stufe 1** kochen. Dann **20 Sek. | Stufe 4–8** aufsteigend pürieren.

3 | Während des Kochvorgangs die Chorizoscheiben in einer Pfanne mit etwas Öl von beiden Seiten knusprig braten. Die Suppe in Schalen anrichten, Wurstscheiben und restlichen Thymian darauf verteilen und servieren.

>**TIPP** Die Suppe könnt ihr euch ganz einfach noch mal als Mittagessen erwärmen. Dafür 50 g Wasser in den geben und **12 Min. | 80°C | | Stufe 2** erhitzen.

Fotos: StockFood/Wallace, Ian; Archiv

RATZFATZ

Die Suppe ist schnell gemixt! Denn den Hokkaidokürbis könnt ihr samt Schale verarbeiten. Entfernt lediglich die Kerne und den hölzernen Stiel, das geht ratzfatz.

Tofu-Scramble mit Avocado

00 20
std : min

LOW CARB LOW FAT

PRO PORTION: 278 KCAL | 19 G E | 18 G F | 10 G KH
ZUTATEN FÜR 4 PERSONEN

- **450 g Räuchertofu, in Stücken**
- **1 Zucchini, in Stücken**
- **1 Zwiebel, halbiert**
- **2 Knoblauchzehen**
- **2 kleine rote Chilischoten, in Stücken**
- **3 EL natives Olivenöl extra**
- **1 TL geräuchertes Paprikapulver**
- **1 TL gemahlener Kreuzkümmel**
- **1 TL getrockneter Oregano**
- **1 Prise Salz**
- **1 Prise frisch gemahlener schwarzer Pfeffer**
- **50 g Babyspinat**
- **4 Scheiben Eiweiß-Brot (siehe Seite 119)**
- **1 Avocado, in Spalten**
- **Blättchen von 4 Stielen Koriander**

1 | Den Tofu in den geben, **5 Sek. | Stufe 5** zerkleinern und umfüllen. Zucchini, Zwiebel, Knoblauch sowie Chili in den geben, **5 Sek. | Stufe 5** zerkleinern und mit dem nach unten schieben. 2 EL Olivenöl zufügen und **3 Min. | Varoma® | Stufe 1** ohne Messbecher andünsten. Tofu mit Gewürzen zugeben und weitere **8 Min. | 120 °C | | Stufe 1** garen. Kurz vor Ende der Garzeit den Spinat durch die Deckelöffnung zugeben.

2 | Das restliche Olivenöl in einer Pfanne erhitzen und die Brotscheiben von beiden Seiten leicht rösten.

3 | Je eine Brotscheibe auf einen Teller legen und die Tofumischung daraufgeben. Die Avocadospalten darauflegen, mit Koriander garnieren und mit etwas gemahlenem Pfeffer bestreut servieren.

>**AVOCADO** Sie hat zwar einen hohen Fettgehalt, aber die Frucht enthält vor allem viele gesunde, ungesättigte Fettsäuren.

RÜHREI!

Scramble ist das englische Wort für Rührei. Ei ersetzen wir aber hier komplett mit zerkleinertem Räuchertofu. Unsere Lieblingssorte bekommt ihr im 200-g-Päckchen unter www.zaubertopf-shop.de

FIX

ZauberGrieß

00 20
std : min

LOW CARB LOW FAT

PRO PORTION: 310 KCAL | 20 G E | 17 G F | 19 G KH

ZZGL. 1 STD. RUHEZEIT

ZUTATEN FÜR 4 PERSONEN

- **30 g Weichweizengrieß**
- **40 g Mandelmehl**
- **800 g fettarme Milch**
- **20 g Xylit**
- **300 g Quark**
- **1½ TL Backpulver**
- **Obst nach Belieben (z. B. Granatapfelkerne)**

1 | Den Rühraufsatz einsetzen. Grieß, Mandelmehl, Milch und Xylit in den geben und **5 Sek.** | **Stufe 4** vermengen, anschließend **11 Min.** | **90 °C** | **Stufe 3** erhitzen. Mind. 1 Std. im auskühlen lassen.

2 | Dann Quark und Backpulver zufügen, alles **5 Min.** | **Stufe 4** aufschlagen und mit Obst servieren.

>TIPP Das Rezept ergibt entweder eine Zwischenmahlzeit für 2 Personen oder ein Dessert für 4 Portionen. Anstelle von herkömmlicher Milch könnt ihr auch einen veganen Pflanzendrink verwenden – geschmacklich passt ein Mandeldrink sehr gut.

>DAS GEHEIMNIS ZauberGrieß ist deswegen so „zauberhaft", weil er anders als herkömmlicher Grießbrei kohlenhydratarm zubereitet wird und dabei genauso wunderbar cremig und süß ist wie der Klassiker. Wie das funktioniert? Üblicherweise braucht ihr recht viel kohlenhydratreichen Grieß, der in der Milch quillt und dann ein tolles Volumen gibt. Hier verwendet ihr eine kleinere Menge an Grieß sowie etwas Mandelmehl. Durch das Backpulver erreicht ihr das übliche Volumen.

Foto: Tina Bumann

Unsere Empfehlungen!

ZAUBERTOPF-SHOP

Im großen ZauberTopf-Shop findet ihr speziell für den Thermomix® empfohlenes Zubehör, das in der leichten Küche behilflich ist. Auch dabei: Low-Carb-Lebensmittel sowie Kochbücher exklusiv für euren Zaubertopf!

SALAT-FIX

Salatschleuder

Mit der Salatschleuder sind Blattsalate rasant gewaschen und getrocknet. So ist das Mittagessen fix fertig!

24,95 €

GEMÜSENUDELN

Spiralschneider für Thermomix®

Speziell für die Verwendung im Thermomix® entwickelt stellt ihr mit dem Spiralschneider in Sekunden perfekte Gemüsenudeln her. So werden Karotten, Zucchini & Co. zu Spaghetti und Bandnudeln für „Pastagerichte“ oder breiten Streifen für Lasagne und mehr.

44,95 €

LECKER DURCHS JAHR

Leichte Küche

Über 100 der besten Low-Carb-Rezepte auf 260 Seiten.

29,90 €

FRISCH GEPRESST

WunderJuicer

Obst- und Gemüsesäfte mit dem WunderJuicer für TM6 und TM5® direkt im Thermomix® pressen.

39,95 €

PERFEKTE BÄLLCHEN

Veggie Balls Maker

Mit dem Veggie Balls Maker formt ihr Bratlinge, Frikadellen sowie Raw Bites schnell und gleichmäßig.

16,95 €

MEHR GEMÜSE

MaxiSteam®

Wer viel Gemüse isst, für den lohnt sich der Vergrößerungsaufsatz MaxiSteam®, der den Varoma® erhöht.

24,95 €

AUFLAUFFORM

FlexiForm

Passt perfekt in den Einlegeboden – für Omeletts und Frittata, Fisch und Geflügel sowie für Süßspeisen & Co.

15,95 €

NIE WIEDER SCHÄLEN

WunderPeeler®

Bis zu 1,2 Kilo Karotten, Kartoffeln & Co. mit dem WunderPeeler schälen.

34,95 €

Fotos: Désirée Peikert (2); Anna Gieseler (1); Archiv

Parmesanwaffeln

Tortillachips
mit Lachsdip

Energy Balls
mit Ingwer

Low-Carb-Schichtdessert
mit Fruchtpüree

„Bounty"-Riegel

Foto: siehe Seite 79

LECKERE SNACKS

Auch für den Heißhunger auf Süßes oder Salziges haben wir clevere Low-Carb-Ideen

FÜR DIE SEELE

Parmesanwaffeln

00 35
std : min

LOW CARB LOW FAT

PRO STÜCK: 265 KCAL | 17 G E | 20 G F | 5 G KH
ZUTATEN FÜR 4 STÜCK

- **Blättchen von 8 Stielen Basilikum**
- **60 g Parmesan, in Stücken**
- **150 g Quark**
- **2 Eier**
- **1 EL Leinsamenmehl**
- **2 EL Mandelmehl**
- **1 TL Backpulver**
- **80 g Milch**
- **etwas Rapsöl zum Fetten**

AUSSERDEM
- **Waffeleisen**

1 | Basilikum in den Mixtopf geben, **3 Sek. | Stufe 8** zerkleinern und umfüllen. Den Parmesan in den Mixtopf geben und **10 Sek. | Stufe 8** zerkleinern. Den Quark mit den Eiern, Leinsamenmehl, Mandelmehl, Backpulver, Milch sowie Basilikum zufügen und **20 Sek. | Stufe 3,5** glatt rühren. Bei Bedarf etwas mehr Milch zugeben.

2 | Waffeleisen vorheizen und mit etwas Öl bepinseln. Den Teig im heißen Waffeleisen nacheinander in 3–4 Min. ausbacken.

>PROTEINPOWER Dank Quark, Eiern, Mandelmehl und Parmesan steckt in diesen Waffeln eine ordentliche Portion Proteine – und die tun eurem Körper richtig gut! Das Eiweiß macht satt und und bewahrt euch dadurch vor Heißhungerattacken.

>ZUM DIPPEN Für einen mediterranen Dip gebt ihr 30 g italienische Kräuter und 1 Knoblauchzehe **3 Sek. | Stufe 8** in den Mixtopf. 40 g Getrocknete Tomaten oder Oliven zufügen und **4 Sek. | Stufe 7** zerkleinern. 150 g Feta, 200 g Frischkäse, 1 EL Olivenöl, jeweils ½ TL Salz sowie Pfeffer zugeben und **10 Sek. | Stufe 3** verrühren.

VOLLES AROMA

Kauft Parmesan am Stück. Denn der Hartkäse entfaltet seinen Geschmack am besten, wenn er frisch gerieben wird. Euer Thermomix® braucht für das feine Zerkleinern nur 10 Sekunden.

Low-Carb-Schichtdessert mit Fruchtpüree

00 10
std : min

LOW CARB LOW FAT

PRO PORTION: 294 KCAL | 17 G E | 18 G F | 16 G KH
ZUTATEN FÜR 4 PERSONEN

- 500 g Quark
- 150 g Sahnejoghurt
- 50 g Kokosdrink
- 30 g Xylit
- Mark von 1 Vanilleschote
- 2 TL Zitronenabrieb
- 400 g Beeren (Blaubeeren, Himbeeren)
- Blättchen von 1 Stiel Minze
- 1 EL Chiasamen

1 | Quark, Joghurt, Kokosdrink, Xylit, Vanillemark sowie Zitronenabrieb in den Mixtopf geben und **10 Sek. | Stufe 5** cremig rühren. Die Quarkspeise umfüllen und kalt stellen.

2 | 200 g Beeren in den Mixtopf geben, **5 Sek. | Stufe 7** pürieren. Den Boden von 4 Gläsern mit etwas Beerenpüree bedecken. Dann mit etwas Quarkspeise, ein paar Beeren und wieder mit Fruchtpüree toppen. Diesen Vorgang wiederholen, bis die Gläser gefüllt sind. Mit Beeren, Minze und Chiasamen dekorieren, kalt servieren.

Foto: Carsten Maier & Farina Terhaag

„Bounty"-Riegel

00 30 std : min

LOW CARB LOW FAT

PRO STÜCK: 172 KCAL | 1 G E | 18 G F | 6 G KH
ZZGL. 1 STD. 30 MIN. RUHEZEIT
ZUTATEN FÜR 16 STÜCK

- **70 g natives Kokosöl**
- **175 g Kokosraspel zzgl. etwas mehr zum Bestreuen**
- **Mark von 1 Vanilleschote**
- **¼ TL Salz**
- **3 EL Wasser**
- **200 g Edelbitterschokolade, in Stücken**

AUSSERDEM
- **Eine flache Auflaufform (ca. 16 × 24 cm)**

1 | Eine flache Auflaufform mit Backpapier auslegen. 60 g Kokosöl in den Mixtopf geben und **3 Min.** | **60 °C** | Rührstufe zerlassen. Die Kokosraspel, Vanillemark, Salz sowie Wasser hinzufügen und alles **30 Sek.** | Linkslauf | **Stufe 3** zu einer formbaren Masse vermengen. Falls die Masse zu fest ist, noch etwas Wasser untermischen.

2 | Die Masse mit einem Löffel gleichmäßig in der Form verteilen, dabei etwas festdrücken und mind. 30 Min. gefrieren lassen. Anschließend die Kokosplatte mithilfe des Backpapiers aus der Form heben und in 16 Riegel (à ca. 8 × 3 cm) schneiden. Dabei nach Belieben die Ecken mit den Händen etwas abrunden. Die Riegel kühl stellen.

3 | Die Schokolade in den Mixtopf einwiegen, **8 Sek.** | **Stufe 8** zerkleinern. Mit dem Spatel nach unten schieben, restliches Kokosöl zufügen und **5 Min.** | **50 °C** | **Stufe 2** schmelzen. Die Kokosriegel mit der Schokolade überziehen, mit etwas Kokosraspeln bestreuen und auf einem Kuchengitter etwa 1 Std. fest werden lassen. Die Riegel in einer luftdichten Dose im Kühlschrank aufbewahren. So halten sie sich etwa 2 Wochen.

>**SCHOKI ERLAUBT?** Bei Schokolade gilt: Je höher der Kakaoanteil, desto weniger Zucker ist enthalten. Weiteres Plus: Ein hoher Kakaoanteil befriedigt die Geschmacksnerven schneller und vertreibt das Verlangen nach Süßem.

SCHOKOLADE SCHMELZEN

In dieser Disziplin ist der Thermomix® ein echter Profi. Anstelle eines umständlichen Wasserbads braucht ihr nur Schokolade und den Mixtopf. Zunächst zerkleinert ihr die Stücke, denn so lässt sich die Schokolade noch schneller schmelzen. Nun wird erwärmt: Da der Thermomix® die benötigten 50 °C konstant hält und fortwährend rührt, kann die Schokolade nicht anbrennen. Durch die Zugabe von etwas Kokosöl bekommt die Glasur dann noch einen tollen Glanz.

RATGEBER

HILFE BEI HEISSHUNGER

Mit diesen cleveren SOS-Tricks besiegt ihr den kleinen Appetit auf Süßes oder Salziges

SALZIGE SNACKS AUS GEMÜSE

Der Jieper auf salzige Chips und andere High-Carb-Sünden kann gesünder besiegt werden: mit leckeren Dips! Ob mit Roter Bete, Avocado für eine Guacamole, Kichererbsen für Hummus, mit Quark oder verführerischem Cashewmus – mit dem Thermomix® habt ihr im Nu die perfekten cremigen Dips zubereitet. Meist reicht es, alle Zutaten in den Mixtopf zu geben, und wenige Sekunden später ist der Dip fertig. Probiert Rohkoststicks (Karotte, Gurke, Kohlrabi etc.) dazu!

MANCHMAL HILFT NUR (DUNKLE!) SCHOKOLADE

Je höher der Kakaoanteil, desto weniger Zucker ist enthalten. Weiteres Plus: Der extrahohe Kakaoanteil befriedigt die Geschmacksnerven viel schneller und vertreibt euer Verlangen nach Süßem.

POWERBOOSTER ESPRESSO

Gegen Heißhunger hilft auch eine Tasse starker, ungesüßter Espresso. Eine Prise Zimt verstärkt die Wirkung.

VIEL WASSER TRINKEN!

Wasser ist immer erlaubt. Davon könnt ihr trinken, so viel ihr mögt. Für mehr Abwechslung sorgt Infused Water: Wasser in eine Karaffe füllen und mit frischen Kräutern wie z. B. Minze, Zitronen- oder Ingwerscheiben und Früchten aromatisieren. Lecker!

GEMÜSEBRÜHE FÜLLT DEN MAGEN

Wenn es euch nach etwas Herzhaftem gelüstet, kann Gemüsebrühe oder klare Suppe helfen. Eine kleine Schale enthält so wenig Kalorien, dass die Diät dadurch nicht unterbrochen wird. Auf Seite 134 haben wir ein Rezept für selbst gemachte Gemüsepaste! Die perfekte Basis!

LUST AUF SÜSSES?

Die Lösung lautet: Banane mit selbst gemixtem Mandelmus (siehe auch Seite 138). Kaum eine Frucht enthält so viel Zucker wie die Banane. Doch im Vergleich zu einem Schokoriegel steht sie immer noch bedeutend besser da. In Kombination mit einem kleinen Klecks Mandelmus ist es eine leckere Nascherei – aber mit deutlich weniger Zucker und Kalorien.

TEE WIRKT WUNDER

Ungesüßter Tee in jeglichen Variationen hilft ebenfalls gegen Heißhunger. Ingwertee oder Matcha sind sogar in der Lage, euren Stoffwechsel zusätzlich anzuheizen und den Appetit zu hemmen. Früchtetee, Schwarztee oder Rooibostee können kalt und warm getrunken werden.
Und auch hier gilt: auf Süßungsmittel bitte verzichten. Den passenden Teefilter für euren Zaubertopf findet ihr unter www.zaubertopf-shop.de

Fotos: Archiv (1); StockFood/News Life Media (1) | Illustrationen: Getty Images/iStock/Getty Images Plus/Hein Nouwens

Klassischer Käsekuchen Low Carb

Kokos-Mandel-Waffeln

Cookies
mit Schokoladenstückchen

Softe Zitronenmuffins
aus dem Varoma®

Schneller Apfelkuchen

Foto: siehe Seite 93

LECKERES GEBÄCK

Für Süßschnäbel ist die Kaffeezeit unverzichtbar. Hier unsere Gebäck-Highlights

SMART BACKEN

Klassischer Käsekuchen Low Carb

01 | 00 std : min

LOW CARB LOW FAT

PRO STÜCK: 284 KCAL | 21 G E | 15 G F | 13 G KH
ZUTATEN FÜR 12 STÜCKE

- **250 g Mandelmehl**
- **100 g Butter, in Stücken**
- **100 g Xylit**
- **4 Eier**
- **1 Prise Salz**
- **700 g Magerquark**
- **200 g Frischkäse**
- **Mark von 1 Vanilleschote**
- **Abrieb und Saft von 1 Zitrone**

AUSSERDEM

- **Springform (Ø 26 cm)**

1 | Den Backofen auf 190 °C Ober-/Unterhitze vorheizen. Den Boden einer Springform mit Backpapier auslegen.

2 | Mandelmehl, Butter, 30 g Xylit sowie 1 Ei in den geben und **2 Min.** | vermengen. Teig in die Springform geben, gleichmäßig verteilen und leicht andrücken. Den gründlich reinigen.

3 | Die übrigen Eier trennen. Den Rühraufsatz in den einsetzen. Eiweiße mit Salz in den geben und **2 Min.** | **Stufe 3,5** steif schlagen. Den Eischnee umfüllen und den spülen.

4 | Eigelbe mit Quark, Frischkäse, übriges Xylit, Vanillemark, Zitronenabrieb und -saft in den geben, **2 Min.** | **Stufe 4** schaumig schlagen. Den Eischnee mithilfe des unterheben. Die Masse in die Springform auf den Teigboden füllen.

5 | Kuchen im vorgeheizten Backofen ca. 50 Min. backen. Nach Ende der Backzeit Ofen ausschalten und den Käsekuchen bei leicht geöffneter Tür 15 Min. ruhen lassen. Herausnehmen und vollständig auskühlen lassen.

>TIPP Wie bei jedem Käsekuchen gilt auch hier: Geduld. Lasst den Kuchen kurz im Backofen auskühlen und löst ihn erst aus der Form, wenn er vollständig abgekühlt ist. Dann fällt er nicht zusammen und behält seine schöne Form.

PROFI-TRICK

Wenn ihr nur Eiweiß in den geben wollt, setzt den Messbecher ein und gebt das aufgeschlagene Ei auf den Deckelrand. Das Eiweiß fließt am Messbecher vorbei in den Topf, das intakte Eigelb bleibt obenauf liegen. Dieses könnt ihr dann in eine Schale abgießen. Braucht ihr das Eigelb, führt ihr diesen Trick mit dem Deckel vom über einer Schüssel liegend durch.

Fotos: StockFood/Paunetto, Dominik; Archiv

FIX

Kokos-Mandel-Waffeln

00 30
std : min

LOW CARB LOW FAT

PRO PORTION: 471 KCAL | 13 G E | 41 G F | 17 G KH
ZUTATEN FÜR 4 PERSONEN

- **80 g Mandeln**
- **3 Eier**
- **2 EL Kokosöl** **zzgl. etwas mehr zum Fetten**
- **80 g Kokosdrink**
- **2 EL Ahornsirup**
- **40 g Kokosflocken**
- **½ TL Natron**
- **1 TL Backpulver**
- **Abrieb von 1 unbehandelten Zitrone**
- **100 g Blaubeeren** **zzgl. etwas mehr zum Garnieren**
- **40 g zuckerfreie Schokoraspel**

AUSSERDEM
- **Waffeleisen**

1 | Mandeln in den Mixtopf geben und **12 Sek. | Stufe 7** mahlen. Eier mit Kokosöl, Kokosdrink, Ahornsirup, Kokosflocken, Natron, Backpulver sowie Zitronenabrieb zufügen und **20 Sek. | Stufe 5** verrühren. Blaubeeren und Schokoraspel mithilfe des Spatels unterheben.

2 | Ein Waffeleisen vorheizen, mit Öl bepinseln und nacheinander Waffeln ausbacken. Nach Belieben mit frischen Blaubeeren garniert servieren.

>**TIPP** Anstatt des Kokosdrinks könnt ihr für den Waffelteig auch jede andere pflanzliche Alternative oder Kuhmilch verwenden.

>**BLAUBEEREN** Die kleinen kalorienarmen Vitaminbomben stärken euer Immunsystem und geben den Waffeln eine angenehmen fruchtige Note.

Teilt eure besten Low-Carb-Gebäcke mit uns:
WWW.ZAUBERTOPF.DE/FACEBOOK

Foto: StockFood/Wischnewski, Jan

Cookies mit Schokoladenstückchen

00 20
std : min

PRO STÜCK: 77 KCAL | 2 G E | 7 G F | 3 G KH
ZZGL. 30 MIN. RUHEZEIT
ZUTATEN FÜR 35 STÜCK

- **40 g zuckerfreie Schokolade, in Stücken**
- **150 g kalte Butter, in Stücken**
- **200 g Mandelmehl**
- **60 g Xylit**
- **1 Ei**
- **30 g Wasser**

1 | Die Schokolade in den Mixtopf geben, **4 Sek. | Stufe 6** zerkleinern und umfüllen. Restliche Zutaten in den Mixtopf geben und **20 Sek. | Stufe 5** verrühren. Die Schokolade zugeben und **10 Sek. | Stufe 4** unterkneten. Den Teig zu einem Strang (Ø ca. 5 cm) formen, in Frischhaltefolie wickeln und für 30 Min. kalt stellen

2 | Den Backofen auf 180 °C Ober-/Unterhitze vorheizen und ein Backblech mit Backpapier belegen. Den Teigstrang in ca. 7 mm dicke Scheiben schneiden und auf das Backblech legen. Cookies im heißen Ofen ca. 10 Min. backen. Vollständig auskühlen lassen und servieren.

>**VARIANTE** Ihr könnt die Cookies auch mit gehackten Mandeln zubereiten. Dafür die Mandeln im Mixtopf **3 Sek. | Stufe 7** zerkleinern und zum Teig geben.

>**WENIGE ZUTATEN** Für die Low-Carb-Cookies braucht ihr nur 6 Zutaten. Kauft am besten hochwertige Schokolade und gutes Mandelmehl – sie verleihen den Cookies ihren Geschmack.

ZUCKER-ERSATZ

Der Birkenzucker Xylit ist ein natürlicher Zuckeraustauschstoff. Er hat kaum Kohlenhydrate, aber die gleiche Süßkraft und einen ähnlichen Geschmack wie Haushaltszucker.

EASY

Softe Zitronenmuffins aus dem Varoma®

00 35 std : min

LOW CARB LOW FAT

PRO STÜCK: 157 KCAL | 9 G E | 12 G F | 5 G KH

ZUTATEN FÜR 12 STÜCK

- ★ **100 g Erythrit**
- ★ **120 g Mandeln**
- ★ **5 Eier**
- ★ **30 g weiche Butter**
- ★ **Abrieb und Saft von 1 unbehandelten Zitrone**
- ★ **300 g Magerquark**
- ★ **1 ½ TL Backpulver**
- ★ **1 EL flüssiges Kokosöl zzgl. etwas mehr zum Fetten**
- ★ **1 Prise Salz**
- ★ **500 g Wasser**
- ★ **20 g Haferflocken**

AUSSERDEM

- ★ **12 Silikon-Muffinförmchen**

1 | 75 g Erythrit in den geben und **30 Sek. | Stufe 10** pulverisieren. Umfüllen und beiseitestellen. Mandeln in den geben, **15 Sek. | Stufe 10** mahlen und umfüllen.

2 | Eier, Butter, restliches Erythrit sowie die Hälfte der Zitronenschale in den geben und **1 Min. | Stufe 4** aufschlagen. Hälfte des Zitronensafts mit Quark, Backpulver, Mandeln, Öl sowie Salz zufügen und alles **1 Min. | Stufe 4** zu einem glatten Teig verarbeiten.

3 | Den Teig in die Silikon-Muffinförmchen füllen, mit Frischhaltefolie abdecken und im Varoma® und auf dem Einlegeboden verteilen. Den reinigen und das Wasser einfüllen. Den Varoma® mit Einlegeboden verschlossen aufsetzen, die Muffins **25 Min. | Varoma® | Stufe 2** dämpfen.

4 | Die Muffins etwas abkühlen lassen und aus der Form lösen. Haferflocken in einer Pfanne ohne Fettzugabe anrösten. Restliches Erythrit mit übrigem Zitronensaft verrühren. Die Muffins damit bestreichen und mit Zitronenabrieb und gerösteten Haferflocken garniert servieren.

>SATTMACHER Weizenmehl und Zucker ade! Das nährstoffarme Standardmehl ersetzen wir für gesunde Muffins durch Mandeln. Quark und Eier geben zudem noch mehr Power!

SCHÖN SAFTIG!

Die Muffins bleiben dank des heißen Wasserdampfs im Varoma® supersaftig. Damit kein Kodenswasser auf die Muffins tropft, deckt ihr sie mit hitzebeständiger Frischhaltefolie ab. Übrigens, die hier verwendete Silikon-Muffinform findet ihr unter www.zaubertopf-shop.de!

Fotos: Kathrin Knoll; Archiv

Schneller Apfelkuchen

00 55 std : min

LOW CARB LOW FAT

PRO STÜCK: 289 KCAL | 11 G E | 22 G F | 9 G KH
ZUTATEN FÜR 1 KUCHEN À 8 STÜCKE

- **100 g weiche Butter, in Stücken, zzgl. etwas mehr zum Fetten**
- **4 Äpfel, in Würfeln**
- **2 TL gemahlener Zimt**
- **1 EL Zitronensaft**
- **100 g Mandeln**
- **4 Eier**
- **1 EL Erythrit**
- **100 g Quark**
- **75 g Mandelmehl**
- **1 TL Backpulver**
- **1 Prise Salz**

AUSSERDEM
- **Springform (Ø 26 cm)**

1 | Den Backofen auf 180 °C Ober-/Unterhitze vorheizen. Den Boden einer Springform mit Backpapier auslegen und den Rand gut einfetten. Äpfel mit Zimt und Zitronensaft vermengen und zur Seite stellen.

2 | Mandeln in den Mixtopf einwiegen, **12 Sek. | Stufe 7** mahlen, dann umfüllen. Eier mit Erythrit in den Mixtopf geben und **1 Min. | Stufe 4** schaumig schlagen. Butter mit Quark zufügen und **20 Sek. | Stufe 4** weiter verrühren. Mandelmehl, gemahlene Mandeln, Backpulver und Salz **20 Sek. | Stufe 4** unterrühren. Die Apfelwürfel zugeben und mit dem Spatel unterheben.

3 | Den Teig in die Form füllen und im heißen Ofen ca. 45 Min. backen. Etwas abkühlen lassen und noch warm oder kalt servieren.

>**ALL-IN-TEIG** Von den 55 Minuten Zubereitungszeit sind 45 Minuten Backzeit. Das heißt, der Kuchen ist in nur 10 Minuten in der Springform. Der Thermomix® verrührt alle Zutaten in wenigen Sekunden zu einem cremigen Rührteig. Besonders praktisch: Den Kuchen könnt ihr nach dem Abkühlen in Stücke schneiden und tiefkühlen. So könnt ihr bei Bedarf einzelne Stücke auftauen und kurz im Ofen oder in der Mikrowelle erwärmen.

Foto: Carsten Maier & Farina Terhaag

EASY

RATGEBER

SÜSSES GEBÄCK

Wie Kuchen und Gebäck Low Carb gelingen, sodass auch Süßschnäbel voll auf ihre Kosten kommen

ZUCKER-ALTERNATIVEN

In Backrezepten wird meist viel Zucker verwendet. Diesen einfach wegzulassen funktioniert nicht. Zucker ist ein Füllstoff und sorgt auch für Geschmack. Ihr könnt die Menge entweder reduzieren oder komplett ersetzen:

100 GRAMM ZUCKER LASSEN SICH ERSETZEN DURCH:

- **100–120 g Kokosblütenzucker**
- **110–120 g Kokosblütensirup**
- **100 g Zuckerersatz mit Steviakonzentrat**
- **120–140 g Ahornsirup oder Honig**
- **100 g pürierte Trockenfrüchte (Pflaumen, Datteln)**
- **100–120 g reife, zerdrückte Bananen**
- **100–120 g Apfelmark oder geriebene Äpfel**
- **100–120 g Gemüsepüree**

TIPP Bei Sirup, Mus, Bananen- und Apfelmark muss die Flüssigkeitsmenge im Teig um ein Viertel reduziert werden. Ist der Teig zu fest, einfach mehr Flüssigkeit hinzufügen, ist er zu flüssig, mehr Mehl unterrühren.

ZUCKERFREIE BACKZUTATEN
einfach selbst machen

> MARZIPAN 60 g Erythrit im 20 Sek. | Stufe 10 pulverisieren. Dann 100 g gemahlene Mandeln, 30 g Mandelmus, 1 EL Rosenwasser, 4 Tropfen Bittermandelaroma und 1 EL Wasser nach Bedarf mit in den geben und **1 Min. | Stufe 5** verkneten. In Frischhaltefolie wickeln. Das zuckerfreie Marzipan ist im Kühlschrank 4 Wochen haltbar.

> PUDDINGPULVER Für 1 Glas à 400 ml 120 g Mandelmehl, 280 g Erythrit, 4 g Guarkernmehl, 4 g Agar Agar sowie das Mark von 1 Vanilleschote in den geben, **20 Sek. | Stufe 4** vermengen. Für 500 g Milch ¼ vom Puddingpulver verwenden.

> SCHOKOGLASUR 25 g Kakaobutter mit 1 ½ EL Kokosöl im **3 Min. | 50 °C | Stufe 3** erhitzen, 1 ½ EL Kakaopulver, 1 Msp. Vanille und 1 EL Reissirup einrühren. Abkühlen lassen und zum Glasieren von Kuchen und Gebäck verwenden. Der zuckerfreie Kakaoüberzug ergibt etwa 50 g und reicht für einen Kuchen.

> PUDERZUCKER UND ZUCKERGUSS 200 g Erythrit in den geben und **30 Sek. | Stufe 10** pulverisieren. Achtet darauf, dass der sauber und fettfrei ist. Für den Zuckerguss 1 Eiweiß sowie 1 TL Zitronensaft zufügen und **10 Sek. | Stufe** 6 vermengen.

MANDELMEHL & MANDELMILCH

Zuerst 200 g blanchierte Mandeln mit 900 g Wasser in den geben und **1 Min. | Stufe 10** pürieren. Mandelmilch durch ein Baumwolltuch abseihen, die Milch auffangen. Mandelmilch kalt stellen und nach Wunsch weiterverwenden. Danach den Trester im Backofen bei 80 °C Umluft etwa 25 Min. trocknen und abkühlen lassen. Im Anschluss in den geben und **10 Sek. | Stufe 8** mahlen. Kühl aufbewahren.

MAHLEN

Wenn ihr Mehl mit dem Thermomix® selbst schrotet und mahlt, könnt ihr Weizenmehl ersetzen. Durch das Mahlen bekommt ihr Vollkornmehl – in kleinen Mengen bei einer Low-Carb-Ernährung erlaubt – und somit mehr Nährstoffe. Probiert auch Roggen- und Dinkelkörner oder Buchweizen aus. Einfach 200 g Körner in den geben und **1 Min. | Stufe 10** mahlen.

ZUCKERFREIER HEFETEIG

Hefe braucht Zucker, das lernt man recht schnell in der Backstube. **Aber**: Wenn ihr dem Teig etwas mehr Zeit gebt, könnt ihr den Extrazucker sparen. Denn Hefe kann aus der Stärke des Mehls Zucker spalten – dies dauert nur ein wenig länger.

> FAUSTREGEL
Den Teig an einem warmen Ort gehen lassen, bis sich das Volumen verdoppelt hat.

WEIZENMEHL ERSETZEN

Hier eine kleine Umrechnungshilfe für euren Weizenmehl-Ersatz.

100 G WEIZENMEHL ENTSPRICHT IN ETWA:

- 50 g Mandelmehl
- 75 g Sojamehl
- 50 g Kokosmehl
- 90 g Leinsamenmehl
- 100 g Süßlupinenmehl
- 75 g Kichererbsenmehl
- 100 g Kürbiskernmehl

Fotos: StockFood für ZS Verlag/Schardt, Wolfgang (1); Anna Gieseler (1); Archiv (1) | Illustrationen: Getty Images/iStock/Getty Images Plus/da-vooda (1); Archiv (1)

LIEFERDIENST

Pizza Formaggi
mit Blumenkohlboden

Cloud Burger
mit Rindfleischpattys

Lahmacun
mit Blumenkohlboden und Zaziki

Döner-Teller

Taco-Bowl
mit Hackfleisch und Bohnen

Sushi
mit Blumenkohlreis

Foto: siehe Seite 107

STATT LIEFERDIENST

Selbst gemixt statt bestellt – so ist es auch garantiert Low Carb

FÜR GENIESSER

Pizza Formaggi mit Blumenkohlboden

00 45
std : min

PRO PORTION: 597 KCAL | 38 G E | 46 G F | 11 G KH
ZZGL. 10 MIN. RUHEZEIT
ZUTATEN FÜR 4 PERSONEN

FÜR DEN BODEN

- **400 g Blumenkohl, in Röschen**
- **150 g Emmentaler, in Stücken**
- **75 g Parmesan, in Stücken**
- **3 Eier**
- **3 TL gemahlene Flohsamenschalen**
- **1 TL getrockneter Oregano**
- **1 TL Salz**
- **½ TL frisch gemahlener schwarzer Pfeffer**

FÜR DEN BELAG

- **50 g Walnüsse**
- **3 Blätter Grünkohl**
- **8 EL passierte Tomaten**
- **1 rote Zwiebel, in Ringen**
- **200 g Ziegenkäse, in Scheiben**
- **200 g Babyspinat**
- **natives Olivenöl extra zum Garnieren**

So gelingt euch eine knusprige und superleckere Low-Carb-Pizza – schaut rein!

Scan mich

1 | Ofen auf 200 °C Ober-/Unterhitze vorheizen. Ein Backblech mit Backpapier auslegen. Für den Boden Blumenkohl in den geben und mithilfe des **5 Sek. | Stufe 5** zerkleinern. Die Masse in eine Schüssel geben und mit Küchenpapier ausdrücken. Alternativ die Masse in ein sauberes Küchentuch geben und leicht auswringen.

2 | Emmentaler mit Parmesan in den geben und **10 Sek. | Stufe 10** zerkleinern. Eier, Flohsamenschalen, Oregano, Salz sowie Pfeffer zufügen und **1 Min. | Stufe 4** verrühren. Im ca. 10 Min. quellen lassen. Den Blumenkohl zugeben und alles **15 Sek. | | Stufe 3** vermengen. Die Blumenkohlmasse auf dem Backblech zu zwei dünnen Fladen verstreichen und im Ofen 10–15 Min. vorbacken. Den spülen.

3 | Für den Belag Walnüsse in den geben, **3 Sek. | Stufe 5** zerkleinern und umfüllen. Den Grünkohl in den geben und **5 Sek. | Stufe 4** zerkleinern.

4 | Die Böden aus dem Ofen nehmen und mit den passierten Tomaten bestreichen. Mit Grünkohl, Zwiebelringen sowie Ziegenkäse belegen, mit Walnüssen und etwas Salz und Pfeffer bestreuen. Im Ofen ca. 15 Min. fertig backen. Mit Spinat garnieren, mit etwas Olivenöl beträufeln und servieren.

> **TIPP** Parmesan ist nicht vegetarisch, da zu dessen Herstellung tierisches Lab verwendet wird. Für eine Low-Carb-Ernährung ist er aber wegen seines hohen Eiweißgehalts bestens geeignet. Entscheidet selbst, ob ihr ihn verwenden möchtet. Eine vegetarische Alternative ist der Hartkäse Montello.

Cloud Burger mit Rindfleischpattys

00 50 std : min

LOW CARB LOW FAT

PRO PORTION: 589 KCAL | 42 G E | 45 G F | 6 G KH

ZUTATEN FÜR 4 PORTIONEN

FÜR DIE BRÖTCHEN

- ★ **2 EL natives Olivenöl extra**
- ★ **4 Eier, getrennt**
- ★ **1 TL Backpulver**
- ★ **Salz**
- ★ **50 g Frischkäse**

FÜR DEN BELAG

- ★ **600 g Rinderhackfleisch**
- ★ **frisch gemahlener schwarzer Pfeffer**
- ★ **20 g gemischte Kräuter (z.B. Basilikum, Petersilie, Thymian)**
- ★ **50 g Frischkäse**
- ★ **30 g Crème fraîche**
- ★ **1 EL Sonnenblumenöl**
- ★ **100 g Gurke, in Scheiben**
- ★ **2 Tomaten, in Scheiben**
- ★ **100 g Rucola**
- ★ **1 kleine Zwiebel, in Ringen**

1 | Für die Brötchen den Backofen auf 150 °C Ober-/Unterhitze vorheizen. 2 Backbleche mit Backpapier belegen und mit dem Öl bepinseln. Den Rühraufsatz einsetzen. Eiweiße in den geben. mit Backpulver und 1 Prise Salz **2 Min. | Stufe 3,5** steif schlagen. Den Eischnee umfüllen. Eigelbe und Frischkäse in den geben und **20 Sek. | Stufe 3** verrühren. Den Eischnee vorsichtig mit dem unter die Frischkäsemasse heben.

2 | Die Masse in 8 Portionen mit viel Abstand auf die Bleche setzen und zu runden Fladen formen. Im Ofen 15–20 Min. goldbraun backen. In der Zwischenzeit für den Belag das Hackfleisch mit 1 TL Salz und ½ TL Pfeffer würzen, zu 4 runden Pattys formen und kühl stellen. Den spülen.

3 | Die Low-Carb-Brötchen aus dem Ofen nehmen und auf Gittern auskühlen lassen. Kräuter in den geben und **3 Sek. | Stufe 8** zerkleinern. Mit dem nach unten schieben, Frischkäse, Crème fraîche, je 1 Prise Salz und Pfeffer zugeben und **20 Sek. | Stufe 2** verrühren.

4 | Das Öl in einer Pfanne erhitzen und die Pattys darin auf jeder Seite ca. 5 Min. grillen. 4 Brötchen mit Frischkäsecreme bestreichen und mit je einem gegrillten Patty belegen. Mit Gurken- und Tomatenscheiben, Rucola und Zwiebelringen belegen. Die übrigen Brötchen ebenfalls mit Frischkäse bestreichen und als Deckel auflegen. Die Cloud Burger sofort servieren.

Foto: StockFood/Gräfe & Unzer Verlag/Juni

Lahmacun mit Blumenkohlboden und Zaziki

01 | 00
std : min

LOW CARB · LOW FAT

PRO PORTION: 518 KCAL | 28 G E | 34 G F | 29 G KH

ZUTATEN FÜR 4 PERSONEN

FÜR DEN BODEN

- **200 g Gouda, in Stücken**
- **500 g Blumenkohl, in Röschen**
- **100 g Karotten, in Stücken**
- **2 Eier**
- **40 g Mandelmehl**
- **Salz**
- **frisch geriebener schwarzer Pfeffer**
- **etwas natives Olivenöl extra zum Fetten**

FÜR DEN BELAG

- **2 Zwiebeln, halbiert**
- **2 Knoblauchzehen**
- **250 g Rinderhackfleisch**
- **20 g natives Olivenöl extra**
- **4 EL Tomatenmark**
- **1 TL gemahlener Kreuzkümmel**
- **2 TL getrocknete Minze (z.B. aus einem Teebeutel)**
- **250 g Wasser**
- **1 TL Gemüse-Gewürzpaste (siehe Seite 134)**
- **300 g Gurke, in Stücken**
- **Blättchen von 4 Stielen Petersilie**
- **200 g Kirschtomaten, geviertelt**
- **250 g Zaziki**

1 | Den Backofen auf 180 °C Umluft vorheizen. Für den Boden Gouda im Mixtopf **12 Sek. | Stufe 8** zerkleinern und umfüllen. Den Blumenkohl und die Karotten in den Mixtopf geben und **10 Sek. | Stufe 6** fein zerkleinern. Dann in ein sauberes Küchentuch wickeln und kräftig ausdrücken. Den Blumenkohl-Karotten-Mix, Gouda, Eier, Mehl, 1 TL Salz und 1 Prise Pfeffer in den Mixtopf geben und **30 Sek. | Stufe 8–10** fein pürieren.

2 | 2 Backbleche mit Backpapier belegen und dieses dünn mit Öl bestreichen. Je 2 Portionen Teig auf die Backbleche geben und mit den Händen und einer Palette zu 4 sehr dünnen Fladen formen. Im Ofen ca. 30 Min. backen. Nach 15 Min. die Backbleche tauschen, damit die Fladen gleichmäßig gebräunt werden. Den Mixtopf spülen.

3 | Für den Belag die Zwiebeln mit dem Knoblauch in den Mixtopf geben und **5 Sek. | Stufe 5** zerkleinern. Mit dem Spatel nach unten schieben. Das Hackfleisch mit Olivenöl zufügen und **5 Min. | 120 °C | Linkslauf | Stufe 1** andünsten. Tomatenmark, Kreuzkümmel, Minze, Wasser sowie Gewürzpaste zugeben, **5 Min. | Varoma® | Linkslauf | Stufe 1** köcheln lassen.

4 | Die Backofentemperatur auf 220 °C erhöhen und die Fladen ein paar Minuten weiterbacken, bis sie leicht gebräunt sind. Eventuell die Bleche noch einmal tauschen. Dann mit der Hackfleischsoße bestreichen und 5–7 Min. fertig backen. Den Mixtopf spülen.

5 | Inzwischen die Gurke in den Mixtopf geben, **3 Sek. | Stufe 4** zerkleinern und umfüllen. Petersilie in den Mixtopf geben und **3 Sek. | Stufe 8** zerkleinern. Die Fladen herausnehmen, mit Gurke und Tomaten belegen und mit dem Zaziki beträufeln. Mit Petersilie garniert servieren.

> **LAHMACUN** Der Boden der türkischen Pizza besteht üblicherweise aus einem Hefeteig. Wir bereiten ihn ohne Weizenmehl zu. Stattdessen verwenden wir Blumenkohl, Karotten, Ei, Mandelmehl und Gouda. Der Belag besteht wie beim Original aus Hackfleisch, Tomate, Gurke und Zaziki. Ihr könnt euer Lahmacun zusätzlich auch noch mit etwa 100 g abgetropften schwarzen Oliven bestreuen.

FIX

Döner-Teller

00 30 std : min

LOW CARB LOW FAT

PRO PORTION: 835 KCAL | 47 G E | 61 G F | 28 G KH

ZUTATEN FÜR 4 PERSONEN

FÜR DAS ZAZIKI

- **1 Knoblauchzehe**
- **Blättchen von 2 Stielen Petersilie zzgl. etwas mehr zum Garnieren**
- **1 kleine Gurke, in Stücken**
- **300 g Sahnejoghurt**
- **Saft von ½ Zitrone**
- **Salz**
- **frisch gemahlener schwarzer Pfeffer**

FÜR DEN DÖNER-TELLER

- **1 kleiner Eisbergsalat, in Stücken**
- **300 g Rotkohl, in Stücken**
- **1 EL Xylit**
- **60 g Apfelessig**
- **60 g Rapsöl zzgl. 3 EL zum Anbraten**
- **15 g mittelscharfer Senf**
- **Saft von ½ Zitrone**
- **500 g Kebab-Fleisch, in Streifen**
- **3 Tomaten, in Spalten**
- **1 Zwiebel, in Ringen**
- **150 g Feta, zerbröselt**

1 | Für das Zaziki Knoblauch und Petersilie in den Mixtopf geben und **3 Sek. | Stufe 8** zerkleinern. Gurke zufügen, **4 Sek. | Stufe 5** zerkleinern und mit dem Spatel nach unten schieben. Joghurt, Zitronensaft, ½ TL Salz sowie 3 Prisen Pfeffer zugeben und **30 Sek. | Stufe 3** verrühren. Umfüllen und kalt stellen. Den Mixtopf spülen.

2 | Für den Döner-Teller den Salat in den Mixtopf geben, **4 Sek. | Stufe 4** mithilfe des Spatels zerkleinern und umfüllen. Rotkohl in den Mixtopf geben und **5 Sek. | Stufe 4** mithilfe des Spatels zerkleinern. Je nach gewünschter Feinheit den Vorgang wiederholen. ½ TL Salz, Xylit, Essig, Öl, Senf sowie Zitronensaft zufügen, **1 Min. | Linkslauf | Stufe 3** vermischen.

3 | 3 EL Öl in einer Pfanne erhitzen. Das Fleisch darin rundherum goldbraun anbraten. Eisbergsalat, Krautsalat, Tomaten, Zwiebel und Kebap-Fleisch auf Tellern anrichten. Mit Feta und etwas Petersilie bestreuen, mit Zaziki beträufeln und sofort servieren.

>TIPP Kebab-Fleisch bekommt ihr im gut sortierten Supermarkt inzwischen frisch oder tiefgekühlt, ganz sicher aber im türkischen Supermarkt. Alternativ eignen sich auch Gyros oder gewürztes Putenfleisch für das Rezept.

Foto: Tina Bumann

Taco-Bowl mit Hackfleisch und Bohnen

00 25 std : min

LOW CARB LOW FAT

PRO PORTION: 914 KCAL | 40 G E | 70 G F | 22 G KH

ZZGL. 30 MIN. RUHEZEIT

ZUTATEN FÜR 4 PERSONEN

FÜR DAS HACKFLEISCH

- **500 g Rindfleisch, in ca. 3 cm großen Stücken**
- **1 Zwiebel, halbiert**
- **1 Knoblauchzehe**
- **3 EL Rapsöl**
- **1 TL edelsüßes Paprikapulver**
- **1 TL gemahlener Kreuzkümmel**
- **½ TL getrockneter Koriander**

FÜR DEN DIP

- **200 g saure Sahne**
- **Saft von 1 Limette**
- **Salz**
- **frisch geriebener schwarzer Pfeffer**

FÜR DIE BEILAGEN

- **½ Eisbergsalat, in Stücken**
- **2 Tomaten, in Spalten**
- **250 g Mais (Dose), abgetropft**
- **250 g Kidneybohnen (Dose), abgetropft**
- **Fruchtfleisch von 2 kleinen Avocados, in Scheiben**
- **2 Frühlingszwiebeln, in Ringen**
- **1 Chilischote, in Ringen**
- **100 g Cheddarkäse, gerieben**

ZERKLEINERN

Für ein optimales Ergebnis verwendet ihr leicht angefrorene Fleischstücke, denn sie werden besonders gleichmäßig zerkleinert.

1 | Für das Hackfleisch das Rindfleisch flach in Gefrierbeutel füllen und für 30 Min. in den Tiefkühler geben.

2 | Inzwischen für den Dip saure Sahne, Limettensaft, ¼ TL Salz sowie 3 Prisen Pfeffer in den geben und **20 Sek. | Stufe 3** verrühren. Den Dip umfüllen und kalt stellen. Den spülen.

3 | Für das Hackfleisch Zwiebel mit Knoblauch in den geben, **5 Sek. | Stufe 5** zerkleinern und mit dem nach unten schieben. Das angefrorene Rindfleisch in zwei Portionen in den geben, jeweils **10 Sek. | Stufe 6** zu Hackfleisch verarbeiten und umfüllen. In einer Pfanne das Rapsöl erhitzen und das Hackfleisch unter gelegentlichem Umrühren anbraten. Dabei mit Paprikapulver, Kreuzkümmel, Koriander, ¾ TL Salz und 3 Prisen Pfeffer würzen.

4 | Das Hackfleisch mit Eisbergsalat, Tomaten, Mais, Bohnen und Avocados in 4 Schüsseln anrichten. Mit Frühlingszwiebeln, Chili und Cheddar bestreuen und mit dem Dip servieren.

>**LOW-CARB-TORTILLAS** Die Zutaten passen auch perfekt in einen Wrap, den wir schnell selbst mixen. In 20 Sekunden ist der Teig vorbereitet und in wenigen Minuten sind die dünnen Fladen ausgebacken. 30 g neutrales Proteinpulver, 4 Eier sowie 60 g Milch in den einwiegen und **20 Sek. | Stufe 4** verquirlen. Etwas Öl in einer Pfanne erhitzen, portionsweise ¼ Teig hineingeben und mit einem Löffel verteilen. Die Wraps wenden, sobald kleine Luftbläschen auf der Oberseite entstehen.

Fotos: Tina Bumann; Archiv

FIX

FIX

Sushi mit Blumenkohlreis

00 30 std : min

LOW CARB LOW FAT

PRO PORTION: 408 KCAL | 12 G E | 32 G F | 25 G KH
ZUTATEN FÜR 4 PERSONEN

FÜR DEN BLUMENKOHLREIS

- ★ **2 Zwiebeln, halbiert**
- ★ **700 g Blumenkohl, in Röschen**
- ★ **2 EL Kokosöl**
- ★ **1 EL Reisessig**
- ★ **2 TL Reissirup**
- ★ **2 EL Tahin**
- ★ **2 EL Erdnussmus**

FÜR DAS SUSHI

- ★ **5 Blätter Nori-Algen**
- ★ **1 TL Wasabipaste zzgl. etwas mehr zum Servieren**
- ★ **1 Karotte, in Streifen**
- ★ **1 Gurke, in Streifen**
- ★ **Fruchtfleisch von 1 Avocado, in Streifen**
- ★ **2 EL helle Sesamsamen zum Garnieren**
- ★ **2 EL schwarze Sesamsamen zum Garnieren**
- ★ **etwas Sojasoße zum Servieren**

AUSSERDEM

- ★ **Sushimatte**

1 | Für den Blumenkohlreis Zwiebeln in den geben, **5 Sek. | Stufe 5** zerkleinern und mit dem nach unten schieben. Blumenkohl zufügen, **5 Sek. | Stufe 5** mithilfe des zerkleinern. Kokosöl zugeben, **8 Min. | 100 °C | |** dünsten. Mit dem Reisessig ablöschen, Sirup, Tahin und Erdnussmus zufügen und **2 Min. | 100 °C | |** unterrühren. Umfüllen und auf Zimmertemperatur abkühlen lassen. Den spülen.

2 | Ein Noriblatt quer auf eine Sushimatte legen und bis ca. 4/5 der Höhe dünn mit Blumenkohlreis bedecken. Andrücken und hauchdünn mit Wasabi bestreichen. Die Unterseite der Länge nach mit 1–2 Karottenstreifen, 1–2 Gurkenstreifen und mit etwas Avocado belegen und mithilfe der Matte fest über die Füllung einrollen. Auf diese Weise Sushirollen formen, bis die Zutaten verbraucht sind.

3 | Die Rollen in je 6 gleich lange Stücke schneiden, auf Tellern anrichten und die Schnittflächen mit Sesam bestreuen. Sojasoße und Wasabipaste dazureichen.

>TRICKREICH Sushi ist supergesund, aber leider auch eine wahre Kohlenhydrat-Bombe aufgrund des Reises. Unsere Alternative bereitet ihr mit Blumenkohlreis zu und so könnt ihr mit gutem Gewissen zugreifen! Wer gerne Fisch isst, kann statt der Gemüsestreifen 150 g Lachsfilet verwenden.

MITHILFE DES SPATELS

Dank der Manschette kann der nicht in den rutschen und an die Messer gelangen – einfach genial!

Fotos: StockFood/Gräfe & Unzer Verlag/Rynio, Jörn; Archiv

BROTE UND BRÖTCHEN

Quarkbrötchen

Eiweißbrot
mit Quark und Chiasamen

Cloud Bread

Joghurtbrot

Low-Carb-Croissants

Foto: siehe Seite 121

BROTE UND BRÖTCHEN

Zum Frühstück, Mittag oder Abendbrot – die besten Low-Carb-Alternativen

WIE VOM BÄCKER

Quarkbrötchen

00 40
std : min

LOW CARB LOW FAT

PRO STÜCK: 239 KCAL | 16 G E | 17 G F | 6 G KH
ZZGL. 15 MIN. RUHEZEIT
ZUTATEN FÜR 8 STÜCK

- **3 Eier**
- **250 g Quark**
- **100 g Mandelmehl**
- **30 g Sojamehl**
- **30 g Chiasamen**
- **20 g gemahlenene Flohsamenschalen**
- **1 EL Leinsamen**
- **50 g Sonnenblumenkerne**
- **½ TL Salz**
- **2 Msp. gemahlener Koriander**
- **1 TL Backpulver**
- **1 EL Kürbiskerne zum Bestreuen**
- **1 EL Sesam zum Bestreuen**
- **1 EL Buchweizenkörner zum Bestreuen**

1 | Eier mit Quark in den geben und **30 Sek.** | verrühren, dann mit dem nach unten schieben.

2 | Mandelmehl, Sojamehl, Chiasamen, Flohsamenschalen, Leinsamen, 20 g Sonnenblumenkerne, Salz, Koriander sowie Backpulver zufügen und **20 Sek.** | vermengen. Den Teig in eine Schüssel geben und abgedeckt 15 Min. quellen lassen.

3 | Die restlichen Sonnenblumenkerne mit Kürbiskernen, Sesam und Buchweizen mischen. Den Backofen auf 180 °C Unter-/Oberhitze vorheizen und ein Backblech mit Backpapier belegen.

4 | Aus der Masse 8 Bällchen formen und auf das Backblech setzen. Dünn mit Wasser bepinseln, mit der Saaten-Mischung bestreuen und im Ofen 20–25 Min. goldbraun backen. Vom Blech nehmen und auskühlen lassen.

MANDELMEHL

Mandelmehl ist nicht dasselbe wie gemahlene Mandeln. Für das Mehl werden gemahlene Mandeln in einem aufwendigen Verfahren entölt. Das Pulver bindet viel Flüssigkeit, daher könnt ihr mehr Ei, Wasser oder Milch zum Teig geben. Mittlerweile bieten viele Supermärkte die Zutat an. Hochwertiges Mandelmehl findet ihr auch unter www.zaubertopf-shop.de

Fotos: StockFood/Gräfe & Unzer Verlag/Lang, Coco; Getty Images/iStock/Getty Images Plus/maksim kulikov

Eiweißbrot mit Quark und Chiasamen

01 | 10 std : min

LOW CARB LOW FAT

PRO SCHEIBE: 123 KCAL | 9 G E | 8 G F | 7 G KH

ZZGL. 30 MIN. RUHEZEIT

ZUTATEN FÜR 1 BROT À 15 SCHEIBEN

- **50 g Chiasamen zzgl. etwas mehr zum Bestreuen**
- **100 g Mandeln**
- **100 g geschrotete Leinsamen**
- **2 EL Leinsamenmehl**
- **2 ½ TL Backpulver**
- **1 TL Salz**
- **300 g Magerquark**
- **6 Eiweiß**
- **etwas Sesamsaat zum Bestreuen**

AUSSERDEM

- **Kastenform (ca. 20 cm Länge)**

1 | Den Backofen auf 180 °C Ober-/Unterhitze vorheizen. Die Chiasamen in den ◻ geben, **20 Sek. | Stufe 10** mahlen. Mandeln zufügen und **12 Sek. | Stufe 7** ebenfalls mahlen. Leinsamenschrot und -mehl, Backpulver, Salz, Quark sowie Eiweiße dazugeben und **1 Min. |** ⚘ verkneten. Etwa 15 Min. quellen lassen.

2 | Eine Kastenform mit Backpapier auslegen und den Teig einfüllen. Großzügig mit Chiasamen und Sesam bestreuen und im Ofen 50–60 Min. goldbraun backen. Dabei nach etwa 20 Min. den Teig in der Mitte längs einschneiden. Aus dem Ofen nehmen und vor dem Stürzen mindestens 15 Min. ruhen lassen.

>CLEVER Die Teigstufe (⚘) übernimmt für euch das Verkneten der Zutaten. Dabei bewegt sich das Messer in Intervallen alle 2 Sekunden vor und zurück. So wird das Kneten von Hand imitiert. Das Ergebnis: ein homogener Teig wie vom Bäckermeister.

>EIWEISS ALS BASIS Das Brot basiert auf Quark, Saaten, Kernen und Eiern. Anders als herkömmliche Brote benötigt es weder Hefe noch Sauerteig – wir verwenden nur etwas Backpulver, was den Teig hebt. Daher braucht das Brot kaum Ruhe- oder Gehzeit und ist im Nu fertiggestellt! Für weitere Eiweißbrot-Rezepte schaut euch unter www.zaubertopf-club.de um, ihr findet viele unterschiedliche Ideen für jeden Geschmack.

In dieser YouTube-Folge zeigen wir, wie ein kerniges Low-Carb-Brot im Thermomix® ensteht!

Scan mich

Fotos: StockFood/Wischnewski, Jan; Archiv

Cloud Bread

00 25 std : min

LOW CARB LOW FAT

PRO STÜCK: 129 KCAL | 6 G E | 11 G F | 1 G KH
ZUTATEN FÜR 6 STÜCK

- **2 EL natives Olivenöl extra**
- **4 Eier, getrennt**
- **1 TL Backpulver**
- **1 Prise Salz**
- **50 g Frischkäse**

1 | Den Backofen auf 150 °C Umluft vorheizen, 2 Backbleche mit Backpapier belegen und mit Öl bepinseln. Den Rühraufsatz in den einsetzen. Eiweiße in den geben und mit Backpulver und Salz **2 Min. | Stufe 3,5** steif schlagen. Eischnee umfüllen. Eigelbe und Frischkäse in den geben und **20 Sek. | Stufe 3** verrühren.

2 | Den Eischnee vorsichtig mit dem unter die Frischkäsemasse heben. Als flache Fladen auf dem Backpapier verteilen, im Ofen 15–20 Min. goldbraun backen.

>**WOLKENBROT** Cloud Bread ist ein sehr beliebtes kohlenhydratarmes Low-Carb-Brot. Durch den Eischnee erhält es seine typisch wolkige Textkur. Es enthält keinerlei Mehl, daher ist es sowohl Low Carb als auch glutenfrei. Und: Weil es nicht weiter gewürzt ist, schmeckt jedes „Brötchen" neutral – also weder süß noch pikant – und passt zu allen Belägen, die ihr auch auf herkömmlichem hellem Brot mögt. Wie herkömmliche Brötchen könnt ihr auch Cloud Bread vor dem Backen mit Saaten und Kernen wie Mohn oder Sesam bestreuen.

EISCHNEE

Für einen perfekten Einschnee muss der sauber und fettfrei sein. Beachtet, dass ihr den Rühraufsatz nur bis maximal Stufe 4 verwenden dürft, sonst besteht die Gefahr, dass er sich vom Mixmesser löst.

Fotos: Désirée Peikert; Archiv

EASY

EASY

Joghurtbrot

00 | 50 std : min

LOW CARB LOW FAT

PRO SCHEIBE: 93 KCAL | 7 G E | 5 G F | 2 G KH
ZUTATEN FÜR 1 BROT À 12 SCHEIBEN

- **100 g goldene Leinsamen**
- **75 g Magerquark**
- **100 g Frischkäse**
- **125 g Joghurt**
- **3 Eier**
- **30 g Mandelmehl**
- **1 TL Backpulver**
- **1 TL Salz**

1 | Den Backofen auf 180 °C Ober-/Unterhitze vorheizen und ein Backblech mit Backpapier auslegen. Die Leinsamen **1 Min.** | **Stufe 10** fein mahlen und umfüllen.

2 | Quark, Frischkäse, Joghurt sowie Eier in den geben und **30 Sek.** | **Stufe 5** verrühren. Leinsamen- und Mandelmehl, Backpulver sowie Salz zufügen und alles **3 Min.** | verkneten.

3 | Den Teig auf dem Backblech zu einem Laib formen, an der Oberfläche kreuzweise einritzen und im Ofen 40–45 Min. backen. Abkühlen lassen und in Scheiben geschnitten servieren.

>**CLEVER** Das Weißmehl wird durch Mandel- und Goldleinsamenmehl ersetzt. Goldleinsamen sind etwas milder, nussiger im Geschmack, besitzen ein höheres Quellvermögen und mehr Omega-6-Fettsäuren als ihre braunen Vertreter. Ihr könnt auch normales Leinsamenmehl verwenden, dann benötigt ihr weniger Flüssigkeit.

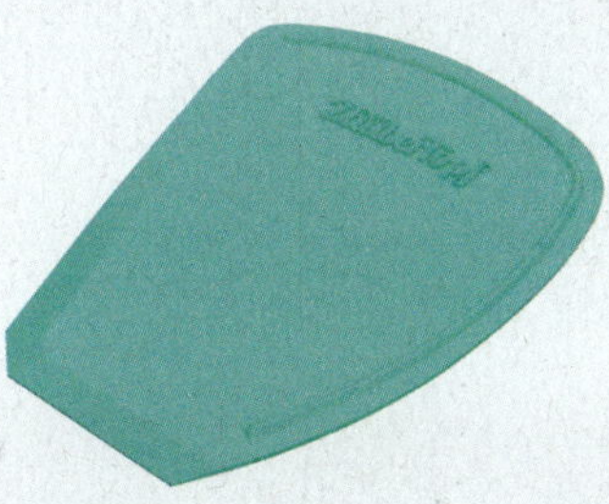

BROT VERZIEREN

Mit der Teigkarte „ZauberCard" lassen sich Brotteige aus dem lösen, bearbeiten und kurz vor dem Backen auch einschneiden. Das vielseitige Zubehör darf bei uns nie fehlen, wenn gebacken wird. Ihr findet die „ZauberCard" für 4,35 Euro unter www.zaubertopf-shop.de

Fotos: StockFood/für ZS Verlag/Schütz, Anke; Archiv

Low-Carb-Croissants

01 | 00 std : min

LOW CARB · LOW FAT

PRO STÜCK: 292 KCAL | 5 G E | 28 G F | 9 G KH
ZZGL. 5 STD. 15 MIN. RUHEZEIT
ZUTATEN FÜR 10 STÜCK

- **25 g Erythrit**
- **300 g Butter**
- **325 g kaltes Wasser**
- **150 g Kokosmehl**
  zzgl. etwas mehr zum Bearbeiten
- **50 g Guarkernmehl**
- **1 Ei**
- **1 Prise Salz**
- **1 Eigelb**

1 | Erythrit in den geben und **10 Sek. | Stufe 10** pulverisieren. 50 g Butter und alle restlichen Zutaten, bis auf das Eigelb, zufügen und **1 Min.** | verkneten.

2 | Teig auf eine leicht bemehlte Arbeitsfläche geben, kräftig durchkneten und zu einem großen Rechteck (ca. 30 × 40 cm) ausrollen. Jeweils einmal längs und quer falten. In Frischhaltefolie wickeln und 1 Std. in den Kühlschrank legen.

3 | Die restliche Butter am Stück zuerst mit einem Nudelholz zwischen zwei Lagen Backpapier flach klopfen, dann zu einem Rechteck (ca. 20 × 15 cm) ausrollen. Für etwa 15 Min. in den Kühlschrank legen.

4 | Teig auf der bemehlten Arbeitsfläche quadratisch ausrollen. Die kalte Butter auf die eine Teighälfte legen, die andere Hälfte daraufklappen und den Teig um 90 Grad drehen. Den Teig zu einem länglichen Rechteck ausrollen. Oberes Drittel zur Mitte falten, dann das untere Drittel, sodass wieder ein Quadrat mit mehreren Schichten entsteht. Teig wieder in Folie einwickeln, 1 Std. im Kühlschrank ruhen lassen.

5 | Den Teig auf die leicht bemehlte Arbeitsfläche legen, erneut zu einem länglichen Rechteck ausrollen und wieder zu einem Quadrat umklappen. Teig in Folie wickeln, 30 Min. im Kühlschrank ruhen lassen. Diesen Schritt noch 3 weitere Male wiederholen, dabei den Teig immer wieder um 90 Grad drehen.

6 | Ein Blech mit Backpapier auslegen. Das Teigquadrat wieder auf die bemehlte Arbeitsfläche legen, erneut um 90 Grad drehen und ein letztes Mal zu einem langen Rechteck ausrollen. Das Rechteck in 5 gleichmäßige Streifen schneiden und jedes der entstandenen Rechtecke schräg halbieren, sodass insgesamt 10 Dreiecke entstehen. Jedes Dreieck von der langen Seite her aufrollen und zu einem Croissant formen. Die Teiglinge auf das Backblech legen, abdecken und 1 Std. ruhen lassen.

7 | Den Backofen auf 220 °C Ober-/Unterhitze vorheizen. Eigelb verquirlen und die Croissants damit einpinseln. Im vorgeheizten Backofen etwa 20 Min. goldbraun und knusprig backen.

>TIPP Ihr könnt vor dem Einrollen der Dreiecke noch jeweils 1 Stückchen zuckerfreie Schokolade in die Mitte setzen. So bekommt ihr leckere Schoko-Croissants!

Foto: Sophia Handschuh

LESESPASS MIT GESCHENK

BESTELLNUMMER: MZ17ONE

NUR 42,90 € FÜR 8 HEFTE IM JAHR

Verpasse keins der angesagten Themen für dich und deinen Thermomix®!

Im Jahresabo von **mein ZauberTopf** kannst du Geld sparen und jede neue Ausgabe kommt portofrei direkt zu dir in den Briefkasten.
Als Dankeschön kannst du dir ein wertvolles Geschenk deiner Wahl aussuchen!

FÜR NUR 6 € ZUZAHLUNG IM JAHR ALLES AUCH DIGITAL LESEN!

SAISONALE MIX-REZEPTE

Darum geht's: Wir kochen **immer saisonal**, dadurch unschlagbar preisbewusst, **raffiniert einfach** und vor allem lecker!

WOW! WAS FÜR EINE TOLLE IDEE!

mein ZauberTopf ist bekannt für Ideen mit dem gewissen Etwas. Du findest garantiert mehr als eine Überraschung, die dich **begeistert!**

EINZIGARTIGES KNOW-HOW

In jeder Ausgabe widmen wir uns besonderen **Funktionen** und genialen Möglichkeiten, die der **Thermomix® bietet.**

DER CALOTTI® IN PINK!

Der Calotti® Drehkellenspatel wird aufs Mixmesser gesetzt – die Kelle passt genau zwischen die Klingen. So holt ihr mit einer Drehbewegung Speisen aus dem Mixtopf!

Ohne Zuzahlung, ~~19,95~~ Euro

Prämien-ID: F1474

WOCHENKALENDER 2022

53 schnelle Rezepte mit großen inspirierenden Motiven. Alle Gerichte sind in unter 35 Minuten im Thermomix® gekocht. Der Kalender bietet je Woche viel Platz für Notizen und Termine

Ohne Zuzahlung, ~~16,90~~ Euro

Prämien-ID: F1481

NEU: SPIRALSCHNEIDER

Limitierte Prämie*

Der Gemüsenudelschneider für den Thermomix® TM6 und TM5® verwendet die Power des Thermomix® für superlange, feine und breite Spiralnudeln aus Karotten, Zucchini & Co.!

Zuzahlung 7 Euro, ~~44,95~~ Euro

Prämien-ID: F1489

*Nur so lange der Vorrat reicht.

JETZT JAHRESABO ABSCHLIESSEN UND TOLLE PRÄMIE SICHERN!

BESTELLNUMMER: MZ17ONE

EIN GESCHENK NACH WAHL GIBT'S GRATIS DAZU!

Einzelhefte und unterschiedliche Abo-Angebote:
WWW.ZAUBERTOPF-SHOP.DE

BESTELLUNG

PER POST
Abo-Service falkemedia
mein ZauberTopf
Postfach 810640 · 70523 Stuttgart

ONLINE
www.zaubertopf.de/praemienabo

PER TELEFON
Ruf einfach an unter:
+49 711 72 52 293

Fotos: Archiv

falkemedia

BASICS

Low-Carb-Tomatensoße

Mayonnaise

Gemüse-Gewürzpaste

Lowtella

Mandelmus mit Meersalz

Low-Carb-Erdbeermarmelade

Foto: siehe Seite 135

GUTE BASIS

Gesunde Alternativen zu Mayo, Schokoaufstrich und Co.

SMARTE VORRÄTE

Low-Carb-Tomatensoße

00 30 std : min

LOW CARB LOW FAT

PRO PORTION (100 G): 53 KCAL | 0 G E | 3 G F | 3 G KH
ZUTATEN FÜR 2 GLÄSER À 500 ML

- **Blättchen von 3 Stielen Thymian**
- **2 Salbeiblättchen**
- **2 Zwiebeln, halbiert**
- **1 Knoblauchzehe**
- **40 g Rapsöl**
- **30 g Tomatenmark**
- **800 g stückige Tomaten (Dose)**
- **1 Lorbeerblatt**
- **1½ TL Salz**
- **½ TL frisch gemahlener schwarzer Pfeffer**

1 | Thymian mit Salbei im **2 Sek. | Turbo** zerkleinern und umfüllen. Zwiebeln mit Knoblauch in den geben und **5 Sek. | Stufe 5** zerkleinern. Mit dem nach unten schieben.

2 | Das Öl zufügen und alles ohne Messbecher **2 Min. | 120 °C | Stufe 2** andünsten. Tomatenmark zugeben und **2 Min. | 120 °C | Stufe 2** mitdünsten. Den Messbecher einsetzen, die Tomaten zufügen und **5 Min. | 100 °C | Stufe 2** aufkochen lassen. Anschließend **15 Sek. | Stufe 8** pürieren. Thymian, Salbei und Lorbeer zugeben, kräftig mit Salz und Pfeffer würzen.

3 | Die Soße **10 Min. | 95 °C | | Stufe 2** ohne Messbecher köcheln lassen, dabei den Garkorb als Spritzschutz aufsetzen. Das Lorbeerblatt entfernen, Soße abschmecken, in sterile Gläser füllen und verschließen.

>TIPP Kühl und dunkel gelagert ist die Soße 2–3 Wochen haltbar. Sie schmeckt zu Low-Carb-Pasta, Hackbällchen, Blumenkohlreis oder als Topping von Burgern. 500 g Soße in den geben und **8 Min. | 90 °C | | Stufe 2** erwärmen.

BLOG Hier findet ihr Ideen mit Tomatensoße:
WWW.ZAUBERTOPF.DE/REZEPTE

Foto: Anna Gieseler

WIDE MOUTH

Mayonnaise

00 05
std : min

LOW CARB LOW FAT

PRO PORTION (30 G): 138 KCAL | 1 G E | 15 G F | 1 G KH

ZZGL. 2 STD. RUHEZEIT

ZUTATEN FÜR 1 GLAS À 200 ML

- 250 g Sonnenblumenöl
- 1 Ei
- 1 EL mittelscharfer Senf
- 1 TL Essig
- 1 TL Zitronensaft
- ½ TL Salz
- 2 Prisen frisch gemahlener schwarzer Pfeffer
- 200 g Joghurt

Ein Gefäß auf den Deckel des stellen und das Öl einwiegen. Zur Seite stellen. Ei, Senf, Essig, Zitronensaft, Salz sowie Pfeffer in den geben und **10 Sek. | Stufe 5** verrühren. Bei **Stufe 3,5** ohne Zeiteinstellung das Öl auf den Deckel geben, ohne den Messbecher abzunehmen. So lange rühren, bis eine cremige Mayonnaise entstanden ist. Joghurt zugeben und **10 Sek. | Stufe 3** vermengen. In ein steriles Glas füllen, kalt stellen.

> **TIPP** Innerhalb von 2 Tagen verbrauchen. Passt perfekt zu Salat oder Burgern.

Gemüse-Gewürzpaste

00 05 std : min

LOW CARB LOW FAT

PRO PORTION (1 TL): 2 KCAL | 0 G E | 0 G F | 1 G KH
ZUTATEN FÜR 2 GLÄSER À 350 ML

- ★ **3 getrocknete Tomaten, in Stücken**
- ★ **1 Knoblauchzehe**
- ★ **700 g Suppengemüse, in Stücken**
- ★ **150 g Meersalz**

Die getrockneten Tomaten mit der Knoblauchzehe in den [Mixtopf] geben, **5 Sek. | Stufe 5** zerkleinern und mit dem [Spatel] nach unten schieben. Das Suppengemüse mit Meersalz zufügen und alles **20 Sek. | Stufe 8** zerkleinern. In die sterilen Schraubgläser füllen.

>**TIPP** Die selbst gemachte Gewürzpaste ist eine gesunde und kohlenhydratärmere Alternative zu Brühwürfel und Co. Mit einem Bund Suppengrün stellt ihr gleich zwei Gläser der Gewürzpaste her, die dann Löffel für Löffel die Geschmacksbasis eurer Gerichte bildet. Dank des hohen Salzgehalts ist die Gewürzpaste mehrere Monate haltbar, wenn ihr sie im Kühlschrank lagert. 1 TL Suppenpaste ersetzt in etwa 2 TL Instant-Brühe.

Warum die Paste wirklich unverzichtbar ist, erfahrt ihr in dieser Folge!

Scan mich

Fotos: Desirée Peikert; Archiv

GEMÜSEPASTE

Lowtella

00 15 std : min

LOW CARB LOW FAT

PRO PORTION (1 EL): 63 KCAL | 1 G E | 6 G F | 2 G KH
ZUTATEN FÜR 1 GLAS À 200 ML

- **250 g Haselnüsse**
- **40 g Edelbitterschokolade**
- **40 g Kokosöl**
- **2 EL Kakaopulver**
- **1 Prise Salz**
- **1 EL Xylit**
- **etwas Milch bei Bedarf**

1 | Die Haselnüsse in einer heißen Pfanne ohne Fett goldbraun rösten und abkühlen lassen. Die Schokolade in den Mixtopf geben und **4 Sek. | Stufe 6** zerkleinern. Mit dem Spatel nach unten schieben. Kokosöl zufügen und **3 Min. | 50 °C | Stufe 2** schmelzen.

2 | Die Haselnüsse sowie die übrigen Zutaten zugeben, **20 Sek. | Stufe 8** zerkleinern. Anschließend **2 Min. | Stufe 4** zu einer feinen Creme pürieren. Bei Bedarf etwas Milch einfließen lassen. In ein steriles Glas füllen und verschließen. Die Creme ist gekühlt etwa 1 Woche haltbar.

>**TIPP** Verrührt 50 g Creme mit 1–2 EL Wasser oder Milch für eine leckere Low-Carb-Schokoladensoße – perfekt zu Pfannkuchen, auf Chiapudding oder Waffeln.

>**VERFÜHRERISCH!** Dieser cremige Schokoaufstrich macht dem Vorbild „Nutella" Konkurrenz. Denn: Er ist Low Carb und kommt ohne unnötigen Zucker aus!

Foto: StockFood/für ZS Verlag/Schütz, Anke

Mandelmus mit Meersalz

00 20
std : min

LOW CARB LOW FAT

PRO PORTION (1 EL): 61 KCAL | 2 G E | 5 G F | 2 G KH
ZZGL. 1 STD. RUHEZEIT
ZUTATEN FÜR 1 GLAS À 400 ML

- ★ **400 g Mandeln, mit Haut oder blanchiert**
- ★ **1 Prise Meersalz**

1 Den Ofen auf 180 °C Ober-/Unterhitze vorheizen. Ein Blech mit Backpapier belegen und die Mandeln darauf verteilen, im Ofen 10–15 Min. rösten. Die Mandeln sollten schön duften, nehmt die Mandeln lieber etwas früher als zu spät aus dem Ofen. Dann vollständig abkühlen lassen.

2 Die Mandeln in den geben und **1 Min. | Stufe 10** zerkleinern. Mit dem nach unten schieben und 30 Min. pausieren. Die Wartezeit ist wichtig, damit die Masse abkühlen und das Mandelöl austreten kann. So wird das Mus besonders cremig.

3 Anschließend **1 Min. | Stufe 6** mixen. Erneut mit dem nach unten schieben und 30 Min. pausieren, 1 Prise Salz zugeben und ein letztes Mal **1 Min. | Stufe 6** mixen.

4 Das Mus in ein sauberes Schraubglas füllen und luftdicht verschließen. Kühl und dunkel gelagert hält es mehrere Monate.

>TIPP Ihr könnt ungeschälte oder blanchierte Mandelkerne verwenden, dies entscheidet darüber, ob ihr ein helles oder dunkles Ergebnis erhaltet – köstlich sind beide! Durch die Lagerung kann sich Öl an der Oberfläche absetzen, dies ist normal. Ihr könnt es mit einem Löffel unter das Mus rühren. Benötigt ihr für ein Rezept die gesamte Menge, könnt ihr die Masse auch vor der Verarbeitung im **1 Min. | Stufe 6** cremig schlagen.

>VERWENDUNG Ihr könnt das Mus wie jede Nuss-„Butter" als Brotaufstrich verwenden. Soßen und Currys verleiht ihr mit 2–3 TL eine cremige Konsistenz. Beim Backen ersetzen 3 TL 1 Ei. Wer das nussige Mandelaroma liebt, gibt einige Esslöffel vom Mus an einen herkömmlichen Rührteig. Im Smoothie sorgen 1–2 EL für eine Extraportion ungesättigter Fettsäuren, Magnesium und Kalzium sowie für eine seidige Textur.

KEIN HEXENWERK ...

... dank Thermomix®! Das Geheimnis dieser unwiderstehlichen Cremigkeit des Mandelmuses liegt in dem langen, beständigen Rühren, das der Zaubertopf für euch übernimmt – so gelingt euch das perfekte Mus, das garantiert besser als Gekauftes ist!

Fotos: Kathrin Knoll; Archiv

Low-Carb-Erdbeermarmelade

00 20
std : min

LOW CARB LOW FAT

PRO PORTION (1 EL): 3 KCAL | 0 G E | 0 G F | 1 G KH
ZUTATEN FÜR 2 GLÄSER À 250 ML

- ★ **500 g Erdbeeren, halbiert**
- ★ **30 g Zitronensaft**
- ★ **170 g Low-Carb-Gelierzucker (3:1) (z.B. von Xucker)**

1 | Erdbeeren in den Mixtopf einwiegen und mithilfe des Messbechers für **8 Sek. | Stufe 4** zerkleinern. Die restlichen Zutaten hinzugeben, **15 Min. | 100 °C | Stufe 2** kochen lassen. Anschließend **8 Sek. | Stufe 4** pürieren.

2 | Die fertige Konfitüre in sterile Gläser füllen, verschließen und abkühlen lassen. Die Marmelade anschließend kühl und dunkel lagern. Ungeöffnet ist sie mehrere Monate haltbar.

>TIPP Erbeeren enthalten von Natur aus Fruchtzucker. Durch die Verwendung von Low-Carb-Gelierzucker kommt diese Marmelade völlig ohne Haushaltszucker aus und enthält dadurch viel weniger Kohlenhydrate als herkömmliche Marmelade.

OPTIMAL INS GLAS

Wenn ihr die Konfitüre in Gläser abfüllt, verwendet idealerweise Gläser mit einem weiten Hals. Denn sie lassen sich nicht nur gut befüllen, sondern auch einfach wieder leeren. Arbeitet beim Befüllen sehr sorgfältig und haltet Deckel sowie Glasränder sauber! Der Mixtopf ist dank seines Ausgusses hilfreich. 1–2 cm unter dem Glasrand ist die optimale Füllhöhe.

Fotos: Anna Gieseler; Archiv

mein ZauberTopf

SYMBOLE

Mit unseren Symbolen und Angaben habt ihr schnell den Überblick, ob ein Rezept eurer Ernährung entspricht und wie man es zubereitet

AiO – Für diese Gerichte braucht ihr nur Mixtopf, Garkorb und Varoma®

ONE POT – Hier benötigt ihr zum Kochen ausschließlich den Mixtopf

FIX – Gerichte mit diesem Symbol sind in maximal 30 Minuten fertig

EASY – Simpel zu kochende Gerichte mit wenigen und einfachen Zutaten

REZEPTE

Damit ihr beim Mixen schnell erfassen könnt, was zu tun ist, haben wir wiederkehrende Funktionen und Zubehöre durch die gezeigten Symbole ersetzt.

- MIXTOPF
- TEIGMODUS
- LINKSLAUF
- SPATEL
- SANFTRÜHRSTUFE

ERNÄHRUNG

Ob ein Rezept eure ganz persönlichen Ernährungskriterien erfüllt, erkennt ihr an unseren Kennzeichnungen direkt an den Rezepten.

Erfüllt ein Rezept ein Kriterium, ist das entsprechende Symbol eingefärbt. Ist die Eigenschaft nicht erfüllt, ist das Symbol ausgegraut.

So seht ihr auf einen Blick, ob ihr bedenkenlos zugreifen könnt!

- VEGETARISCH
- VEGAN
- LAKTOSEFREI
- GLUTENFREI
- KALORIENARM – Hauptgerichte < 500 kcal, Suppen/Vorspeisen < 350 kcal, süße Rezepte < 150 kcal, jeweils pro Portion
- LOW CARB – KOHLENHYDRATARM – < 25 % der kcal entstehen durch Kohlenhydrate
- LOW FAT – FETTARM – < 20 % der kcal entstehen durch Fett

NÄHRWERTE

Zu jedem Rezept findet ihr die konkreten Nährwerte mit den hier rechts erklärten Abkürzungen.

KCAL - Kilokalorien
g E - Gramm Eiweiß
g F - Gramm Fett
g KH - Gramm Kohlenhydrate

Impressum

mein ZauberTopf GOLD-EDITION ist eine unabhängige Publikation aus dem Hause falkemedia und steht in keinerlei Verbindung zu den Unternehmen der Vorwerk-Gruppe. Die Marken „Thermomix®", „TM5®", „Varoma®" und die Produktgestaltungen des „Thermomix®" sind eingetragene Marken der Unternehmen der Vorwerk-Gruppe. Für die Rezeptangaben in **mein ZauberTopf GOLD-EDITION** ist ausschließlich falkemedia verantwortlich.

Verlag
falkemedia GmbH & Co. KG, An der Halle 400 #1, 24143 Kiel
Tel. +49 431 200 766-0, Fax +49 431 20 07 66 50
E-Mail: info@zaubertopf.de, www.zaubertopf.de

Herausgeber
Kassian Alexander Goukassian (v. i. S. d. P.)

Mitglied der Geschäftsleitung & Ltg. Marketing
Wolfgang Pohl

Chefredakteurin/Teamleitung
Vivien Koitka

Redaktion (redaktion@zaubertopf.de)
Dr. Tanja Lindauer, Svenja Rudolf, Hannah Hold, Tina Richter (in Elternzeit), Alexandra Jürgensen (Druckmanagement), Anna-Marie Hilbert (Praktikantin)

Für Rezeptfragen, Korrekturen und Anmerkungen
www.zaubertopf.de/rezept-updates

Rezeptentwicklung
Charlotte Heyn, Vera Schubert, Lukas Lotzing, Madeline Bartsch, Rebecca Schildt (Praktikantin)

Layout und Bildbearbeitung
Mareike Wilke, Nele Witt, Kathrin Knoll

Lektorat
SchlussBlick

Fotografen dieser Ausgabe
Tina Bumann, Anna Gieseler, Sophia Handschuh, Kathrin Knoll, Ira Leoni, Carsten Maier & Farina Terhaag, Désirée Peikert

Abonnementbetreuung
abo@zaubertopf.de, Tel. +49 711 72 52 293, mein ZauberTopf Abo-Service, Postfach 810640, 70523 Stuttgart

Mediaberatung
Martin Wetzel (Martin.Wetzel@brmedien.de)
Tel. +49 2241 17 74 14, Fax +49 2241 1774 20

Sascha Eilers (s.eilers@falkemedia.de), Tel. +49 4340 49 93 79, mobil +49 151 53 83 44 12, Fax +49 4340 49 93 91

Anzeigenkoordination
Dörte Schröder (d.schroeder@falkemedia.de), Tel. +49 431 20 07 66 12

Anzeigenpreise
Siehe Mediadaten 2022 unter www.zaubertopf.de

Produktionsmanagement/Druck
impress GmbH, www.impress-media.de

Vertrieb
DMV Der Medienvertrieb GmbH & Co. KG, Meßberg 1, 20086 Hamburg

Vertriebsleitung
Hans Wies, DMV Der Medienvertrieb GmbH & Co. (hans.wies@dermedienvertrieb.de)

Bezugsmöglichkeiten
Abo, Zeitschriften- und Buchhandel, Bahnhöfe, Flughäfen

Einzelpreis: 8,99 Euro (Gold-Edition); 5,50 Euro (reguläres Heft), 9,99 Euro (Spezial)
Jahresabonnement Gold-Edition: 29,90 Euro
Europäisches Ausland zzgl. 0,90 Euro je Ausgabe. In den Preisen sind Mehrwertsteuer und Zustellung enthalten. Bezogen auf 4 Ausgaben im Jahr. Der Verlag behält sich die Veränderung der Erscheinungsfrequenz vor.

Manuskripteinsendung
Manuskripte jeder Art werden gern entgegengenommen. Sie müssen frei von Rechten Dritter sein. Mit der Einsendung gibt der Verfasser die Zustimmung zum Abdruck des Manuskripts auf Datenträgern der Firma falkemedia. Ein Einsenden garantiert keine Veröffentlichung. Honorare nach Vereinbarung oder unseren AGB. Für unverlangt eingesandte Manuskripte übernimmt der Verlag keine Haftung.

ISSN 2510-392X | ISBN 978-3-96417-205-1

falkemedia